한국 대표 로펌

김앤장 이야기

한국 대표 로펌
김앤장 이야기

김진원

마고북스

개정판을 내며

2쇄를 찍기 위해 시작한 교정작업의 공사가 커지면서 개정판을 내게 되었다. 책이 처음 나온 지 2년이 채 안 되었지만, 그만큼 김앤장과 한국 로펌 업계가 빠르게 변화하고 있다는 게 필자의 생각이다. 개정판에선 그동안 달라진 내용을 중심으로 업데이트하는 데 중점을 두었다.

무엇보다도 한 · EU FTA에 이어 한 · 미 FTA가 발효돼 한국 법률시장의 지각변동이 예상되고 있다. 당초 예상보다 많은 수의 미국 로펌이 서울사무소 개설을 위한 관련 절차를 밟고 있다는 소식이며, 특히 얼마 전부터 강화되고 있는 영미 로펌의 아시아 전략과 맞물리며 서울사무소 개설에 한층 무게가 실리고 있어 이에 관련된 여러 대목을 다각도로 짚어 보려고 했다. 김앤장으로 대표되는 한국 로펌 업계의 미래는 법조 역사상 유례없는 변화가 일게 될 시장개방을 어떻게 헤쳐 나가느냐에 달려 있다고 보아야 하기 때문이다.

이와 함께 시장개방을 앞두고 국제적인 평가기관에서 김앤장이 포함된 세계 주요 로펌의 경쟁력 평가 결과를 앞 다퉈 내놓고 있어 이를 토대로 세계 로펌 업계에서 차지하는 김앤장의 위상을 조명해 보려고 했다. 평가 결과는 매우 고무적이었다. 국제중재와 조세 분야의 경우 김앤장이 한국 시장에 진출하려는 영미 로펌에 결코 밀리지 않는 경쟁력을 확보하고 있는 것으로 나타났다. 더구나 해당 업무분야의 변호사 수와 로펌 평가지 등에 기재된 유명 변호사 수,

수임 사건의 수와 청구금액, 클라이언트의 의견 등 객관적인 지표를 종합한 평가여서 더욱 의미가 작지 않아 보인다. 앞으로 김앤장 등 한국 로펌들의 세계 시장에서의 위상을 가늠할 수 있는 더욱 다양한 평가가 활발하게 시도되길 기대한다.

김앤장 내부적으로도 로스쿨 출신 변호사가 처음으로 입사하는 등 의미 있는 변화가 없지 않았다. 미래의 주역이라고 할 수 있는 로스쿨 출신 변호사 중엔 공인회계사, 변리사, 전직 공무원, 기업체 출신 등 간단치 않은 사회경험의 소유자들이 많아 김앤장의 향후 인력 운용과 관련, 더욱 눈길을 끌고 있다. 또 판, 검사 출신과 외국 변호사들의 합류가 지속적으로 이어지며 김앤장의 맨파워가 꾸준히 강화되고 있다. 물론 법학교수가 되어 로스쿨로 옮기거나 정계 진출을 꿈꾸며 김앤장을 떠나는 변호사, 외국 로펌이나 기업체로 옮기는 변호사 등 신진대사도 활발하게 일어나고 있다. 업무분야별로 달라진 인적 구성 내용 등을 모두 고쳐 썼다.

현장에서 이슈를 찾아 쫓다 보면 예상보다 빨리, 더 크게 변화가 나타나는 경우를 자주 보게 된다. 시장개방을 맞이하는 김앤장과 한국 로펌 업계도 그런 속성이 다분한 것 같다. 미처 챙기지 못한 부분은 다음 기회로 미룬다.

2012년 4월

김진원

책머리에

한국의 로펌들이 눈부신 발전을 이어가고 있다. 규모가 몰라보게 커지고 있으며, 외국의 유명 로펌들과 함께 순위를 다투는 업무분야별 리그 테이블(league table)에 이름을 올리는 한국 로펌들도 적지 않다. 그중에서도 김앤장 법률사무소가 단연 두각을 나타내고 있다.

아시아 최고라는 김앤장의 높은 경쟁력은 어디에서 연유하는 것일까.

1973년에 설립된 김앤장은 40년이 채 안 된 비교적 젊은 로펌이라고 할 수 있으나, 이미 아시아를 넘어 세계 속의 로펌으로 발전을 거듭하고 있다. 일본 로펌들이 벤치마킹 대상으로 삼고 있는 유력한 로펌이며, 여러 나라에 걸쳐 진행되는 국제적인 거래에서 외국의 현지 로펌들을 지휘하며 주된 자문로펌(lead counsel)의 역할을 수행하는 글로벌 로펌을 지향하는 곳이 김앤장이다.

이 책은 김앤장의 37년 역사를 성장과 업무분야별 경쟁력에 초점을 맞춰 분석, 소개한 책이다. 필자는 세계 로펌 업계에서도 유례가 드물다는 김앤장의 빠른 성장에 관심을 갖고, 김앤장 성공신화의 배경을 조명하려고 했다. 때는 바야흐로 영미 로펌들이 한국 법률시장의 문이 열리기만을 학수고대하고 있는 시장개방의 전초시기이다. 이러한 때에 한국 대표 로펌 김앤장의 37년 역사와 현재의 위상을 돌이켜 보고, 시장개방 이후의 발전전략을 모색할 수 있다면, 그 의미가 적지 않을 것이다. 부족한 가운데 서둘러 책을 탈고한 데는 한국 재야법조계의 급박하게 돌아가는 사정도 감안됐다.

본격적으로 책을 쓰기 시작한 것은 필자가 2008년 가을 한국 로펌 업계의 발전하는 모습을 풀어 쓴 《한국의 로펌》을 탈고한 직후다. 그때 《한국의 로펌》을 읽은 독자들로부터 이제는 김앤장에 관한 책을 써 보라는 얘기를 여러 차례 들었는데, 1년 6개월 만에 부족하나마 답을 내놓게 되었다. 그러나 실제로는 훨씬 이전부터 김앤장에 관한 책을 준비해 왔다고 하는 게 솔직한 표현일 것이다. 한국 로펌 업계에 관한 취재가 김앤장에 관한 취재와 겹치는 부분이 적지 않았기 때문이다. 그만큼 김앤장이 한국 로펌 업계에서 차지하는 비중과 역할이 상당하다는 게 필자의 생각이다.

《김앤장 이야기》는 필자가 한국의 로펌 업계를 총론적으로 소개한 《로펌》(1999), 《한국의 로펌》에 뒤이은 일종의 각론의 성격을 띤 개별 로펌에 관한 소개서라는 점에서도 의미가 크다. 필자로서도 새로운 시도이지만, 한국의 로펌들도 이른바 firm biography라고 일컬어지는 로펌별 소개서를 낼 수 있을 만큼 업무실적과 연륜이 쌓여가고 있다는 반증이라고 할 수 있기 때문이다.

자료를 수집하고 인터뷰 등을 통해 일일이 사실을 확인하며, 김앤장의 성공 노하우를 찾아내는 작업은 간단한 일이 아니었다. 다행스럽게도 김앤장의 설립 초창기부터 활약한 대부분의 변호사들이 여전히 일선에서 활동하고 있어 37년 전까지 거슬러 올라가는 초기의 모습을 파악하는 데 적지 않은 도움이 되었다. 물론 신문과 잡지에 기사를 쓸 때처럼 다각도의 취재와 철저한 사실 확인을 거쳐 내용을 완성했으며, 필자 나름의 분석틀을 가지고 김앤장의 37년 역사와 발전과정을 소개하고, 미래를 조명하려 했음을 밝혀둔다.

인재에 대한 투자와 전문화로 압축되는 김앤장의 성공 키워드를 찾아가는 동안 머릿속에 끊임없이 맴돈 영시가 한 편 있다. 김앤장을 설립할 당시 삼십대 초반의 나이에 불과했던 김영무, 장수길 두 설립자와 뒤이어 김앤장에 합류한 초창기 여러 변호사들의 도전하는 모습에 이 시의 내용이 겹쳐 떠올랐기 때문이다.

Two roads diverged in a wood, and I –
I took the one less traveled by,
And that has made all the difference.

숲 속에 두 갈래 길이 있었지,
나는 사람들이 더 적게 간 길을 택하였네,
그리고 그것 때문에 모든 것이 달라졌어.

젊은이들이 좋아하는 로버트 프로스트(Robert Frost)의 〈가지 않은 길(The Road Not Taken)〉은 요즈음에도 자주 소개되고 있다. 특히 변화와 혁신이 강조되며 기업 경영의 화두로 제시되는 경우가 적지 않다. 아무쪼록 김앤장과 김앤장의 변호사들이 설립 당시의 초심을 잃지 않기를 바란다. 더욱 진취적인 자세로 시장개방 등 많은 변화가 기다리고 있는 미래의 도전에 적극 나서기를 기대한다.

아울러 독자들이 김앤장의 성장과정을 이해하는 데 이 책이 조금이라도 도움이 된다면, 더 이상의 바람이 없겠다.

2010년 5월
예년보다 더딘 봄을 반가워하며
김진원

차례

아시아 최고 로펌   1

중국의 김앤장이 어디인가요?

"중국의 김앤장이 어디인가요?"

2010년 2월 중국 베이징을 방문했을 때 들은 이야기다. 국내 한 대기업 중국 본사의 법무팀에 근무하는 중견 간부가 베이징에 나와 있는 한국계 기업 관계자들로부터 자주 질문을 받는 내용이라며 소개했다.

베이징에 부임한 지 이미 7년이 넘은 이 간부는 중국 현지에서 노사 관련 이슈나 새로운 계약의 체결 등 법무수요가 발생하면 현지의 중국 로펌에 자문을 의뢰해 해결하며, 개별 중국 로펌의 경쟁력과 장단점에 대한 상당한 정보와 지식을 축적하고 있었다. 때문에 그의 이런 노하우를 잘 알고 있는 한국계 기업 관계자들이 중국에서 가장 뛰어난 로펌이 어디냐고 소개를 부탁하며 이렇게 물어 온다는 것이다. 물론 김앤장이 한국 최고의 로펌이라는 사실을 전제하고 묻는 말이다.

김앤장 법률사무소가 한국 최고의 로펌이라는 데 대해서는 긴 설명이 필요하지 않을 것이다. 이미 오래전부터 부동의 선두자리를 지키며, 국내외의 많은 사람, 기업들로부터 한국을 대표하는 로펌으로 평가받고 있는 곳이 김앤장이다. 중국 현지에 진출해 있는 한국 기업 관계자들 사이에 오가는 이야기에서도 알 수 있듯이 '김앤장' 이란 이름은 한국에서 '최고의 로펌'을 가리키는 대명사처럼 불리고 있다.

그러나 김앤장을 한국의 최고 로펌 정도로만 이야기한다면, 그것은 김앤장을 제대로 이해하고 하는 말이 아니다. 김앤장이 한국을 뛰어넘어 아시아 지역 최고의 로펌으로 명성을 이어가고 있기 때문이다.

국내외 변호사만 약 600명. 여기에 공인회계사, 변리사, 세무사 등을 포함한 전문인력(professionals)이 800여 명에 이르는, 아시아의 어느 로펌에도 밀리지 않는 막강한 맨파워를 구축하고 있다. 특히 전문성으로 대표되는 법률업무 수행의 경쟁력과 명성에 관한 한 중국은 물론 일본과 홍콩, 싱가포르, 대만 등 아시아의 어느 나라에도 김앤장만한 로펌을 찾아보기 힘들다.

특히 김앤장이 일본의 로펌들을 이미 오래 전에 추월해 앞서 나가고 있다는 사실은 일본 로펌의 변호사들도 스스로 인정하고 있다. 일본의 4대 로펌 중 한 곳인 Nagashima Ohno&Tsunematsu의 창업자 중 한 사람인 나가시마(長島安治) 변호사가 1999년 12월 일본변호사연맹이 발행하는 《자유와 정의》에 기고한 글에서 "일본 로펌이 김앤장에 뒤지고 있다"며, "김앤장을 벤치마킹해야 한다"고 역설했다는 것은 유명한 이야기다. 1961년에 설립된 Nagashima&Ohno는 2000년 Tsunematsu를 합병, 변호사 수 100명을 돌파하면서 당시 일본 최대 로펌이 되었으나, 김앤장은 이때 이미 한국변호사만 150명이 포진해 규모와 업무역량 등에서 일본 로펌들을 크게 앞지르고 있었다.

이후 일본의 최대 로펌으로 발전한 Nishimura&Asahi와 Nagashima Ohno&Tsunematsu 등 일본의 대형 로펌들이 변호사 400명 안팎의 큰 규모로 성장했으나, 업무역량과 전문성 등 경쟁력에 있어선 김앤장에 여전히 밀리고 있다는 게 국제 로펌 업계 관계자들의 공통된 진단이다.

김앤장은 사실 국내보다도 로펌식의 법률서비스가 일찌감치 발달해 있는 외국에 더 잘 알려져 있다. 철저하게 전문성을 따져 일을 맡기는 외국의 기업과 금융기관 등으로부터 매우 높은 평가를 받고 있다. 실제로도 많은 외국계 기업이 한국에 투자하거나 한국에서 사업을 전개할 때 압도적인 차이로 김앤장에 일을 맡기고 있다.

뉴욕에 있는 미국계 로펌의 한 파트너 변호사는 "김앤장이 한국법을 준거법으로 하자고 하는 등 때로는 매우 공격적으로 나오는 경우가 많아 월스트리트의 로펌들도 김앤장이 상대방의 대리인으로 선정되었다고 하면 부담을 느낄 정도"라고 말했다. 한국법이 준거법이 되면, 당사자인 한국 기업이나 이 한국 기업을 대리하는 법률회사가 상대적으로 유리할 수 있는데, 한국 기업을 대리하는 김앤장이 그만큼 자신감을 가지고 외국 로펌과의 협상에 나선다는 것이다.

김앤장의 뛰어난 경쟁력은 외국의 법률잡지나 로펌 평가지 등의 높은 평가로 이어지고 있다. 수많은 법률잡지로부터 여러 차례 '한국을 대표하는 로펌' 또는 '한국 최고의 로펌'으로 평가받고 있으며, 거의 대부분의 업무분야에서 선두의 자리를 지키고 있다.

특히 2010년 초 머저마켓(Mergermarket)이 발표한 일본을 제외한 아시아 지역의 2009년 1년간 기업 인수·합병(M&A) 자문실적에서 자문건수와 거래금액 모두 김앤장이 영미계 로펌을 제치고 1위를 차지해 외국 로펌 관계자들을 깜짝 놀라게 했다. 비슷한 시기에 블룸버그(Bloomberg)가 발표한 일본을 제외한 아시아·태평양 지역의 2009년 M&A 자문실적에서도 자문건수, 거래금액 모두 김앤장이 1위에 랭크됐다.

"김앤장은 한국 최고의 규모와 평판을 자랑한다. 최고의 고객층을 가지고 있으며, 모든 업무분야에 걸쳐 가장 훌륭한 조직력과 능력을 가지고 있다 … 아시아에 위치한 국제적인 로펌들이 가장 믿음직스러운 법률사무소로 손꼽는 김앤장은 업무분야뿐만 아니라 산업별로도 특화되어 있다(The Pacific Legal 500, 2007)."

"김앤장의 변호사들은 해박한 지식과 전문성, 그리고 경험을 갖춘 오피니언 리더들이다. 그들은 시장의 변화를 매우 훌륭히, 그리고 선행적으로 맞춰왔을 뿐만 아니라 모든 분야에서의 법률 및 준법 관련 이슈들을 이끌어 왔다(IFLR 1000, 2010)."

외국의 유명 매체가 김앤장을 최고의 수상자로 선정하며 소개하는 구체적인 표현에서 김앤장에 대한 외부의 평가와 위상이 어느 정도인지 가늠해 볼 수 있다.

영어식 이름 '김앤장'

김앤장의 역사는 약 40년 전으로 거슬러 올라간다.

1973년 1월. 미국 유학을 마치고 돌아온 김영무 변호사가 서울 광화문의 구세군빌딩에 변호사 사무실을 열었다. 국내는 물론 아시아 최고로 손꼽히는 김앤장의 역사가 시작된 것이다. 아직 김앤장이란 이름은 생기기 전이었다. '변호사 김영무 법률사무소'가 출발 당시의 이름이었다.

그러나 이 이름은 오래가지 않았다. 그해 겨울, 김 변호사의 서울 법대 동기인 장수길 변호사가 합류하면서 '김앤장'이란 이름이 탄생했다. 물론 김앤장의 '김'은 김영무 변호사를 가리킨다. '장'은 장 변호사의 성에서 따왔다. 영미 로펌의 경우와 마찬가지로 설립자 등 주요 파트너 변호사의 성을 따다가 법률회사의 이름을 지은 셈인데, 영어로도 'KIM&CHANG'이다.

로펌 업계에선 로펌의 이름에 자신의 성이 들어가는 변호사를 네임 파트너(name partner)라고 부른다. 특별한 존경을 받는 영예로운 호칭으로, 영미의 로펌에선 설립자 외에도 로펌의 발전에 혁혁한 공을 세운 변호사의 성을 로펌의 이름에 차례대로 추가하는 경우가 많다. 영미 로펌의 이름이 기다랗게 이어지는 이유다. 1980년대 미국의 적대적 M&A 거래에서 특히 두각을 나타내며 이름을 날린 세계적인 로펌 '스캐든 압스'는 정식 이름이 'Skadden, Arps, Slate, Meagher&Flom'으로 모두 다섯 명의 네임 파트너가 로펌 이름에 나온다.

이에 비해 김앤장은 단 두 변호사의 성만으로 상호가 구성돼 있다. 장수길 변호사 이후에도 내로라하는 수많은 변호사가 합류하며 김앤장의 발전에 커다란 역할을 해오고 있으나, 이름은 여전히 '김앤장'에서 끝나고 있다. 네임 파트너에 올릴 만한 변호사가 없어서라기보다는 한 번 정한 이름을 좀처럼 바꾸지 않는 국내 로펌 업계의 전통과도 무관하지 않은 것으로 알려지고 있다.

지금은 김앤장 하면 모르는 사람이 없을 만큼 유명해졌지만 설립 초기엔 낯선 이름 때문에 에피소드도 적지 않았다는 후문이다. 로펌 업계의 선발주자였던 김·장·리 법률사무소와 이름이 혼동되는 경우도 있었고, 영어식 이름이 익숙하지 않아 김앤장 법률사무소를 '김현장 법률사무소'로 잘못 알고 김현장 변호사를 찾는 전화도 적지 않게 걸려 왔다고 한다. '김앤장'이 변호사 이름이라고 생각한 것이다.

그러나 40년째 써오고 있는 '김앤장'의 브랜드 파워는 대단한 것으로 평가되고 있다. 국내를 대표하는 로펌이자 법률회사의 대명사처럼 많은 사람의 기억에 자리 잡고 있다.

　　김앤장 이전에도 김·장·리와 김·신·유 등 영어식 이름의 로펌이 없지 않았지만, 김앤장 이후 이런 식의 작명(作名)이 더욱 본격화됐다. 김앤장에 뒤이어 설립된 한미합동법률사무소 즉, 지금의 법무법인 광장은 '이앤고(LEE&KO)', 법무법인 세종은 '신앤김(SHIN&KIM)'이란 영어식 이름을 함께 쓰고 있다. 또 로펌뿐만 아니라 일반 업종에서도 사업자의 성이나 이름을 딴 상호가 많이 등장하고 있다.

한국인 최초의 미국변호사

김앤장을 설립해 아시아 최고의 로펌으로 일궈낸 김영무 변호사에겐 여러 설명이 따라다닌다. 무엇보다도 그가 미국 학생들과 똑같이 3년을 다녀 하버드 로스쿨을 졸업한 최초의 한국인이자, 한국인 최초의 미국변호사라는 사실을 빼놓을 수 없다.

지금은 미국 로스쿨에서 1년 과정인 법학석사(Master of Laws, LL.M.) 학위만 취득해도 뉴욕주 등의 변호사시험에 응시에 미국변호사가 될 수 있지만, 김 변호사가 미국에서 공부하던 시절에 미국변호사가 되기 위해선 LL.M.으로는 안 되고, 소크라테스식 강의로 유명한 J.D.(Juris Doctor)과정을 마쳐야 변호사시험(Bar Exam)에 응시할 수 있었다.

이렇게 이야기하면 혹시 김 변호사를 미국변호사로만 이해할 사람이 있을지 모르겠는데, 그는 또 미국변호사가 되기 오래전에 사법시험에 합격한 한국변호사이기도 하다. 경기고와 서울법대를 나온 그는 대학을 졸업하던 해인 1964년 제2회 사법시험에 차석 합격해 2년 후인 1966년 사법연수원의 전신인 사법대학원을 수료했다.

말하자면 한국변호사로서 미국 유학길에 올라 최초로 미국변호사가 된 선구적인 변호사가 김영무 변호사인 셈이다.

이용우 전 대법관, 김정길, 정성진 전 법무부장관, 김기수 전 검찰총장, 환경처장관을 지낸 허남훈 전 국회의원, 김앤장의 특허 분야에서 오랫동안 근무하기도 한 차수명 전 국회의원, 안문태 전 특허법원장, 법무법인 로고스의 대표를 역임한 양인평 변호사, 법무법인 광장의 유경희 변호사, 이동락 전 대구고법원장 등이 그와 함께 사법시험에 합격한 사시 동기들이다.

그는 그러나 판, 검사 임관을 포기하고 사법대학원을 마치자마자 곧바로 미국 유학길에 올랐다. 보다 넓은 세상으로 나아가 견문을 넓히고, 법학 공부를 더 깊이 해보고 싶다는 의욕이 있었기 때문이다.

1966년 시카고대 로스쿨에서 비교법학석사(Master of Comparative Law, M.C.L.) 과정을 마치고 하버드 로스쿨로 옮긴 그는 1970년 보통 법학박사로 불리는 J.D.가 됐다. 이어 미국 변호사시험에 합격해 미국변호사가 됐다. 김앤장 사람들은 김 변호사가 하버드 로스쿨 J.D. 출신인 점에 착안해 보통 그를 김 박사라고 부른다. 1년 과정인 LL.M.을 한 한국인은 전에도 더러 있었으나, 미국 학생들과 똑같은 과정을 밟아 J.D.가 된 한국인은 그가 처음이다.

하버드를 졸업하고 일리노이주 변호사가 된 김 변호사는 미국의 대형 로펌인 베이커 앤 맥켄지(Baker&McKenzie)에서 경험을 쌓았다. 그곳에서 미국의 로펌이 기업을 도와 어떤 역할을 수행하는지 직접 눈으로 확인하며 로펌 변호사의 일을 배웠다. 당시 한국은 교역이라고 해봐야 경공업 중심의 가공무역에 머물러 있었던 시절. 김 변호사는 그러나 미국의 로펌에서 근무하며 한국도 산업이 발달하고, 국제거래가 늘어나게 되면 기업의 경제활동을 뒷받침할 로펌식의 법률서비스가 필요할 것이라는 확신을 갖게 되었다. 하버드 로스쿨을 졸업하고 미국변호사가 되어 미국의 유명 로펌에서 경험을 쌓은 그의 이런 경력은 나중에 김앤장을 아시아 최고 로펌으로 일궈내는 밑바탕이 되었다.

1970년 미국 유학을 마치고 서울로 돌아 온 김 변호사는 서두르지 않았다. 먼저 국제변호사 사무실을 열어 기업 관련 법률서비스를 제공하고 있던 김진억 변호사 사무실에서 잠시 같이 일했다. 김진억 변호사의 사무실이 김 · 신 · 유로 발전하기 전으로, 김영무 변호사가 몸담고 있는 동안 김앤김으로 불리기도 했다. 김영무 변호사는 이어 일본 도쿄로 건너가 베이커 앤 맥켄지 도쿄사무소에서 6개월간 근무하며 또 다른 경험을 쌓았다.

베이커 앤 맥켄지 도쿄사무소 근무는 또 김영무 변호사에게 한국보다 경제가 발달해 있던 일본의 기업법무 서비스를 경험하는 좋은 기회가 되었다. 결과적으로 미국과 한국, 일본의 로펌 또는 기업법무의 현장을 골고루 경험한 셈인데, 이런 준비와 모색을 거쳐 나중에 아시아 최고의 로펌으로 발전한 김앤장이 탄생했다.

베이커 앤 맥켄지 도쿄사무소 근무를 마치고 다시 한국으로 돌아온 김 변호사는 1973년 1월 서울 광화문에서 법률사무소를 열었다.

물론 기업법무 또는 기업의 국제거래에 관련된 법률서비스가 주된 영역이었다. 한국 대표 로펌 김앤장의 역사가 사실상 시작된 것이다.

신민당사 농성사건

　김영무 변호사와 서울법대 동기인 장수길 변호사는 김 변호사보다 1년 앞선 1963년 고등고시 사법과 16회에 합격했다. 장 변호사가 법대 3학년 때로, 최연소 합격이었다. 고등고시 제도는 장 변호사가 합격한 16회로 막을 내렸다. 16회 고시가 있었던 1963년 사법시험 제도로 바뀌어 사시 1회 시험이 또 한 번 시행됐다. 김 변호사는 다음해에 치러진 사시 2회에 합격했다. 장 변호사는 김 변호사와 달리 판사 임관을 택했다. 사법대학원과 육군법무관을 거쳐 1969년 서울형사지법 판사로 임관했다.

　판사로서 탄탄대로를 걷던 그의 진로에 뜻하지 않은 일이 일어났다. 제3공화국 시절인 1971년 5월 17일 이른바 '신민당사 농성사건'이 터져 장 변호사가 주심판사로서 재판을 맡게 된 것이다. 당시 서울법대 3학년생들이 주동이 돼 그해 4월 27일 치러진 대통령 선거를 부정선거로 규정하고, 5월 25일 실시될 예정이던 국회의원 선거를 보이콧하라며 야당인 신민당의 관훈동 당사에 들어가 농성한 사건인데, 이 사건은 장 변호사 개인은 물론 김앤장의 태동과 이후의 발전에 적지 않은 영향을 끼쳤다.

구속기소되어 법정에 선 피고인은 서울대생 10명. 이 10명의 학생 중에 나중에 김앤장에 합류해 현재 김앤장의 금융 분야를 총괄하고 있는 정계성 변호사가 포함돼 있었다. 정 변호사는 당시 서울대 법대 3학년생으로 사법시험에 합격하기 전이었다.

지금의 시각에서 보면 순수한 동기에서 촉발된, 혈기왕성한 젊은 학생들의 조그마한 시위였다고 할 수 있을 것이다. 하지만 두 달 전의 대통령 선거에서 야당의 김대중 후보를 가까스로 따돌리고 당선되어 신경이 잔뜩 곤두서 있던 박정희 정권은 검거된 학생 10명을 서울 현저동에 있는 구치소에 수감하고 곧바로 구속기소했다.

주심을 맡게 된 장수길 판사는 고심을 거듭했다. 판사 임관 3년째인 그는 피고인들이 신민당사에 들어가 농성을 벌인 사실 자체는 외견상 법을 위반한 행위로 볼 수 있지만, 과연 이들을 처벌하는 것이 정당한 것인가에 대해 회의를 품고 있었다.

6월 29일. 서울형사지법 재판부는 정계성 등 구속기소된 피고인 10명 전원에게 무죄를 선고했다. 주심을 맡았던 좌배석 장수길 판사와 재판장인 양헌 부장판사, 우배석을 맡았던 김성기 판사가 합의해 내린 결론이었다.

당시의 정치적 상황을 고려하면 매우 대담한 판결이었다고 할 수 있다. 특히 무죄판결의 이유가 획기적이었다.

"피고인들의 집회 규모, 방법 등에 비추어 보아도 공공의 질서에 대한 위해를 가져올 악의나 과격성을 찾아볼 수 없어 피고인들의

행위가 공공의 질서에 직접적이고도 명백한 위험을 가져오는 것이
라고 도저히 볼 수 없으므로, 본건 시위는 법률상 구성요건을 충족
시키지 못해 무죄이다."

　판결을 주도한 장 변호사의 회고에 따르면, 판결을 선고하기까지
국내외의 여러 관련 서적을 뒤져 법률이론을 검토하며 숙고했다고
한다. 그때 도서관에서 찾은 외국의 저명한 법학자가 쓴《가벌적 위
법성론(可罰的 違法性論)》이라는 제목의 책이 장 판사가 무죄 심증
(心證)을 굳히는 데 결정적인 도움을 주었다.

　이 책의 저자에 따르면, 예를 들어 남의 집 창고에 떨어져 있는
쌀 한 톨을 함부로 가지고 나온 경우 그 행위 자체는 '타인의 재물
을 절취했다'는 절도죄의 구성요건(형법 제329조)에 해당되는 것이
분명하지만, 이와 같이 위법성이 미미한 사안까지 처벌대상으로 삼
는 것은 타당하지 않다는 것이다.

　장 판사는 선고일 전날 판결문을 일찌감치 작성해 놓고 혹시 있
을지도 모를 외압을 피하기 위해 점심식사를 한 후 양헌 부장과 함
께 곧바로 퇴근해 버렸다. 두 사람은 그날 극장에서 영화를 보았고,
일부러 밤늦게 귀가했다. 이 때문에 뒤늦게 판결의 주문(主文) 내용
을 눈치 챈 검찰 쪽에서 판결의 선고를 연기해 달라고 부탁하기 위
해 재판부와 접촉하려 했으나 여의치 않아 다음날의 무죄 선고를
막을 수 없었다는 이야기도 전해지고 있다.

　장 판사는 소신대로 판결을 내릴 수 있었다. 하지만 법관을 천직

으로 알고 살아온 그에게 엄청난 시련이 다가올 줄은 꿈에도 예상하지 못했다. 이 사건은 또 당시 서울법대 3학년생이었던 정계성이 나중에 사법시험에 합격해 김앤장에서 장 변호사와 한솥밥을 먹게 되는 인연으로 발전했다.

신민당사 농성사건에서 표출된 학생들의 우려는 오래지 않아 현실이 되었다. 정부는 1972년 10월 17일 19시를 기해 국회를 해산하고, 정당의 정치활동을 중지하는 등 헌법의 일부 조항의 효력을 정지시키는 10월유신(十月維新)을 단행했다.

유신 직전인 1971년에 이미 사법파동(司法波動)이라는 사상 초유의 시련을 겪은 사법부에 다시 10월유신이라는 폭풍이 들이닥친 것이다. 개정된 유신헌법에 따라 판사 전원이 재임명을 거치게 되었고, 그동안 정권의 미움을 산 법관에겐 재임명 탈락이 기다리고 있었다.

1973년 3월 어느 날. 장 판사는 서울형사지법 수석부장판사로부터 갑작스러운 부름을 받게 되었다. 수석부장판사는 해당 법원의 부장판사 중 최상위 직책으로, 법원장을 도와 사건 배당 등 법원 내의 사법행정 업무를 처리하는 중요한 자리다.

장수길 변호사는 40년이 다 되어가는 그날의 일을 지금도 또렷이 기억하고 있다.

"점심시간 무렵이었는데 부름을 받고 수석부장실에 들어갔더니 수석부장이 팅팅 분 자장면을 앞에 놓고 한숨만 쉬고 계셨어요. 그분이 원래 말을 구차하게 늘어놓는 성격이 아니었어요. 한참 계시더니 어렵사리 '형편이 이러니 같이 나가십시다' 그러시더군요. 그

말이 바로 재임명 탈락 통보였던 셈이지요. 법원장께서는 달리 찾으시지도 않으시니까 가서 인사드리기도 그렇고 해서 그냥 그 길로 집으로 갔던 겁니다."

고등고시 사법과에 최연소 합격해 평생 법관의 길을 걸으리라고 다짐했던 젊은 판사의 꿈은 임관 4년 만에 이렇게 막을 내리게 되었다. 대한변협에 보관된 그의 변호사 등록서류에는 '1973. 3. 31. 판사직 의원면직(依願免職)'으로 기록되어 있다.

　　신민당사 농성사건을 맡아 10명의 피고인 전원에게 무죄판결을 내린 장수길 전 판사에겐 변호사 개업이란 선택이 기다리고 있었다. 지금은 기업체에 상근하며 법률 관련 업무를 취급하는 '사내변호사(In-House Counsel)'나 법학전문대학원 즉, 로스쿨의 '변호사 출신 교수'로 진출하는 경우도 적지 않지만, 이런 자리가 드물었던 당시엔 판사를 그만두면 곧바로 변호사 사무실을 여는 사람이 대부분이었다.

　　그러나 4년 만에 판사를 그만둔 그에게 변호사 개업은 그리 간단한 일이 아니었다. 당시 정권이 재조(在朝)경력 즉, 판사나 검사로 근무한 기간이 15년이 안 되는 사람은 퇴직 후 3년간 최종 퇴임지에서 개업할 수 없도록 변호사법마저 개정해 두고 있었기 때문이다. 여기에는 물론 정부에 불리한 판결이나 수사를 하고 사직한 판, 검사에게는 변호사 개업 장소를 제한함으로써 판, 검사들이 정부의 눈치를 보지 않을 수 없게 하려는 의도가 숨어 있었다.

　　재임명 탈락 통보를 받는 순간까지도 자신이 변호사가 되리라곤 꿈에도 생각하지 못했던 장 변호사였다. 게다가 서울에서는 변호사 개업 자체가 봉쇄된 그로서는 앞길이 막막할 수밖에 없었다. 물론 장 변호사가 서울이 아닌 지방에서 변호사 사무실을 여는 것은 법적으로 아무 제한이 없었으나, 서울 출신인 그는 지방에 별다른 연고가 없었다. 장 변호사는 서울사대부고를 나와 서울대 법대를 졸업했다.

장 변호사는 같이 법복을 벗은 다른 전직 판사의 동업 제의도 거절하고 이후 8~9개월을 하릴없이 흘려보냈다.

1973년 겨울의 어느 날, 실의에 빠져 있는 장수길 변호사에게 김영무 변호사가 새로운 형태의 로펌을 만들어보자고 제안했다. 두 사람은 서울대 법대 동기이자 고시와 사법시험을 1년 차이로 앞서거니 뒤서거니 합격하고 사법대학원을 함께 수료한 친구 사이로, 학창시절의 두 친구가 뜻을 함께하면서 아시아 최고 로펌 김앤장이 문을 열게 된 것이다.

이때 두 사람의 나이 31세. 무한한 가능성을 품고 새로운 형태의 법률사무소를 시작한 동갑내기 두 젊은 변호사의 선택은 이후 엄청난 성공으로 나타나며, 한국의 재야법조 판도를 뒤바꿔 놓게 된다.

"노는 동안 이런저런 고민이 많았지요. 어떻게 먹고 살아야 하나, 앞날이 막막했어요. 특수 분야를 해야겠다고 마음먹고, 중앙국제법률사무소를 설립한 이병호 변호사 밑에서 잠깐 특허 관련 일을 보고 있었는데, 김영무 변호사가 우리 둘이서 서구식 로펌 같은 것을 해보자고 제안해 온 겁니다. 김 변호사는 원래 생각이 깊은 사람이에요. 나는 단순히 재래식으로 간판 달고 연고 찾아서 사건 맡고 하는 게 썩 내키지 않아 막연하게 자문(counsel) 쪽이 맞는 것 같다고 생각하는 정도였죠. 그런 점에선 생각이 일치했다고 할까요."

장수길 변호사는 "자문 업무라면 열심히 성실하게 해서 고객을 만족시킬 수 있을 테고, 그러면 손님 끊길 걱정은 하지 않아도 되지 않겠나, 이렇게 생각했다"고 김 변호사의 제의를 받아들여 김앤장을 출범시킬 당시를 회고했다. 아시아 최고 로펌은커녕 열심히 공부해서 정확한 법률자문을 해주고, 소송을 하더라도 명쾌하게 이론을 세워 다른 변호사와 차별화된 의견서나 소장을 쓸 수 있다면 보람 있는 일일 것이라는 소박한 생각으로 김앤장을 시작했다는 게 장 변호사의 기억이다.

처음부터 미국식 로펌을 구상했던 김영무 변호사도 이와 관련, "10여 명 정도의 변호사를 데리고 법률사무소를 운영할 수 있다면 큰 성공일 것이라는 기대를 가지고 있었다"며, "지금과 같은 규모로 발전하리라고는 전혀 상상하지 못했다"고 술회한 적이 있다. 실제로 당시는 판, 검사 출신의 변호사가 개인 법률사무소나 합동법률사무소를 열고 법정과 검찰청을 드나들던 시기로, 김앤장보다 먼저 기업법무 또는 국제변호사 일을 시작한 김·장·리나 김·신·유 등도 규모는 이들 개인 법률사무소와 크게 다르지 않았다.

장 변호사는 군법무관 시절 베트남 파병을 자원해 사이공 즉, 지금의 호치민에서 근무했다. 그는 그때 직접 목격한 미군 사령부의 법무실 모습에서 로펌식의 법률사무소를 어느 정도 상상해 볼 수 있었다고 말했다. 군법무관이었던 장 변호사는 당시 주월 한국군이 베트남 국민에게 물어야 하는 손해배상사건 등을 처리하기 위해 미군 사령부 법무실에 자주 드나들 기회가 있었다. 엄청나게 넓은 사무실에서 항공과 해상과를 필두로 섹션별로 시스템에 따라 유기적으로 움직이는 미군 법무실의 다이내믹한 모습을 보고, 막연하지만 미국식 로펌이 어떤 식으로 업무를 수행하는지 가늠할 수 있었다는 것이다. 그는 또 미군 법무관들과 교류하며 영어에도 부쩍 관심을 가졌다고 한다. 말하자면 이런 경험 등이 쌓여 서구식 로펌을 만들어 보자는 김영무 변호사의 제안을 흔쾌히 받아들이게 된 것이다.

어떻게 보면 평생 법관을 꿈꾸었던 장 변호사의 판사 재임명 탈락이라는 뜻하지 않은 사건이 계기가 되어 김앤장이 시작되었다고 할 수 있다. 하지만 두 사람의 만남엔 우연을 넘어 이상적인 조합이라고 할 수 있는 여러 요소가 있었다. 서로를 깊이 신뢰하는 친구사이인데다 경력과 능력 등에서 상호 조화와 보완을 통해 시너지 효과를 극대화할 수 있는 측면이 적지 않았기 때문이다.

고등고시 사법과에 최연소 합격해 재판업무를 경험한 판사 출신의 장 변호사는 젊은 변호사로서는 당시 보기 드문 능력을 갖춘 인재였다. 김 변호사는 또 사법시험에 합격한 데 이어 하버드 로스쿨을 나온 한국인 최초의 미국변호사였다. 두 사람의 동업은 이미 성공이 준비된 출발이었다고 할 수 있는 셈이다.

시작은 무척 소박했다.

크리스마스 다음날인 1973년 12월 26일 광화문 극동쉘하우스 4

층에 조그만 사무실을 얻어 '김앤장'을 연 두 사람은 공부에 많은 시간을 할애했다. 당시 국내에는 전문 분야를 다룬 변변한 책이 별로 없어 기업의 국제법무에 관련된 업무를 수행하기 위해서는 외국의 법률서적을 참고해야 하는 형편이었다. 일본의 특허법 서적을 훑고 나면 이번에는 영국의 해상법 책을, 다음에는 또 다른 법률서적을 공부하며 무형의 자산을 쌓아 나갔다고 한다.

사건은 아직 많지 않았다. 김영무, 장수길 두 변호사는 마주앉아 바둑을 두며 시간을 보내기도 했다. 그러다가 사무실 한편에서 텔렉스 소리가 들리면 "어, 또 한 건 온다" 하며 반가운 마음으로 뛰어가곤 했던 것이 김앤장의 초창기 모습이라고 이때를 잘 아는 한 변호사가 소개했다.

최초의 어소시에이트

신민당사 농성사건은 판사 재임명에서 탈락한 장수길 변호사가 합류하면서 김앤장의 출범에 적지 않은 영향을 미쳤다. 그런데 이 사건엔 장 변호사 외에 김앤장의 역사에 떼려야 뗄 수 없는 또 한 사람이 등장한다.

1976년 8월 사법연수원을 졸업하고 이른바 어소시에이트(associate) 변호사로 입사한 정계성 변호사가 주인공이다. 어소시에이트 변호사란 로펌의 파트너 변호사 밑에서 일하는 젊은 신참 변호사를 가리키는 말로, 대부분의 로펌은 파트너 변호사와 보통 파트너 변호사의 몇 배에 이르는 어소시에이트 변호사로 이루어져 있다.

다시 장 변호사가 주심을 맡아 무죄판결을 선고한 1971년 6월로 돌아가 보자.

1심에서 무죄판결을 받은 정계성은 다시 대학으로 돌아가 학업에 몰두했다. 그사이 고향집에서는 한바탕 난리가 났다. 수재 소리를 들으며 서울대 법대에 입학한 아들이 구속되고 재판까지 받았으니, 시골의 집안 어른들 입장에서는 마른하늘에 날벼락이나 다름없었다. 어머니의 낙담을 마냥 외면하기 어려웠던 정계성은 사법시험 공부에 전념한 끝에 대학 졸업 이듬해인 1974년 차석으로 제16회 사법시험을 통과하고 사법연수원에 입소했다.

그러나 그것으로 문제가 모두 해결된 것은 아니었다. 검찰이 1심 판결에 항소하면서 '신민당사 농성사건'은 장수길 변호사의 경우와 마찬가지로 정계성의 인생행로에 큰 영향을 미치게 되었다. 1심 재판을 맡았던 세 명의 판사가 모두 옷을 벗은 상황에서 사건을 배당받은 고등법원 재판부는 재판기일을 차일피일 미루며 판결을 선고하지 않았다. 그렇게 몇 년이 훌쩍 지나가자 정계성은 초조해지기 시작했다.

"제가 사법연수원에 다니고 있어 그쪽을 좀 아니까, 재판부에 찾아가서 빨리 처리해 달라고 부탁도 해보았지요. 그런데 제 사건은 아예 제쳐 놓고 온통 다른 사건에만 매달려 있었어요. 정말 야속했습니다. 재판이 끝나지 않으면 임관은커녕 군법무관으로도 못 나갈 판인데 속이 타들어갈 수밖에요."

이제나저제나 항소심 판결이 선고되기만 애타게 기다리던 정계성은 사법연수원 수료를 몇 달 앞둔 시점까지 상황에 변화가 없자 사법연수원 교수와 법원에서 시보 수습을 하며 알게 된 선배 판사들을 찾아다니며 진로를 상의했다.

사법시험에 차석 합격하고, 사법연수원을 수석으로 수료하는 후배의 처지를 안타깝게 여긴 김용준 당시 서울민사지법 부장판사가 "최근에 개업한 아주 똑똑한 변호사가 사법연수원 출신 변호사를 찾는다니 거길 가보라"고 일러주었다. 김용준 부장판사는 나중에 대법관과 헌법재판소장을 역임한 법조계 원로다.

정계성은 고심 끝에 김앤장 사무실을 찾아갔다. 하지만 김앤장에서 일할 결심은 아직 서지 않은 상태였다. 판사 임용에 대한 한 가닥 미련을 끝까지 붙들고 있었다. 그는 김앤장에서 일하게 해달라고 부탁하는 대신 자신이 처해있는 상황을 설명한 후, "혹시 사법연수원을 수료할 때까지 재판이 안 끝나면 그때 다시 오겠다"는 말을 남기고 돌아왔다. 이때가 사법연수원 수료를 세 달 앞둔 1976년 5월이었다.

그해 8월 정계성이 사법연수원을 수료할 때까지 상황은 전혀 달라지지 않았다. 그토록 고대했던 고등법원의 무죄판결은 정계성이 김앤장에 합류한 몇 년 뒤인 1980년 '서울의 봄'이 되어서야 내려졌다. 연수원을 수료하고 한 달 뒤인 1976년 9월 정계성은 결국 다시 김앤장을 찾아갔다.

"원래 판사를 할 생각이었어요. 경제적으로 풍족하지 않더라도 법관의 길을 걷는 게 제 꿈이었지요. 그런데 어쩔 도리가 없어 다시 찾아가니까 김영무, 장수길 변호사 두 분이 오늘부터 그냥 여기 앉아 있으라고 자리를 내주셨어요. 하지만 너무 억울해서 도통 마음을 잡을 수 없었습니다. 술만이 유일한 위안이자 도피처였어요. 마음을 다잡고 일에 몰두할 수 있게 되기까지는 시간이 좀 걸렸습니다."

　그러나 이른바 운동권 출신인 정계성 변호사의 합류는 김앤장이 본격적인 로펌으로 발전하는 중요한 계기로 작용했다. 공동설립자인 김영무, 장수길 변호사에 이어 신진기예라고 할 수 있는 사법연수원 수석의 정계성 변호사가 가세하면서 초기 진용이 갖춰졌을 뿐만 아니라 이후 사법연수원을 마친 젊은 인재들이 김앤장에 합류하는 단초가 되었기 때문이다.

　또 주심판사와 피고인으로 만났던 장수길 변호사와 정계성 변호사는 김앤장에서 평생 한솥밥을 먹는 사이로 발전했다. 두 사람 모두 똑같은 사건에 연루돼 법관이 아닌 변호사의 길을 걷게 되었고, 같은 법률회사에 근무하며 아시아 최고 로펌을 일구어 가는 주춧돌의 역할을 해오고 있다. 창업 과정엔 여러 사연이 있게 마련이지만, 김앤장의 출범과 초기 역사에도 영화의 한 장면 같은 결코 가볍지 않은 사연이 들어 있다.

젊은 인재들의 합류

정계성 변호사가 로펌 변호사로 성공적으로 데뷔하자 마치 물꼬가 터진 듯 후배 변호사들의 김앤장 합류가 이어졌다. 그것도 우수한 성적으로 사법연수원을 마친 젊은 인재들이 해마다 여러 명씩 김앤장의 문을 두드렸다.

'초기 리쿠르트의 성공'으로 표현할 수 있는 사법연수원 출신 변호사의 잇따른 김앤장 행(行)은 김앤장의 성공신화에서 가장 주목할 대목의 하나로 손꼽히는 중요한 부분이다. 쟁쟁한 실력의 연수원 출신 변호사들이 해마다 충원되며 김앤장의 막강한 라인업이 형성될 수 있었기 때문이다.

사실 이때까지만 해도 사법연수생의 1차적인 관심은 판, 검사 임관이었다. 사시 합격자가 많지 않아 판, 검사 임관이 어려운 것도 아니었다. 지금은 사법연수생의 진로가 많이 달라져 김앤장과 같은 일류 로펌은 사법연수생들 사이에서 판, 검사 임관 못지않은 인기를 누리고 있지만, 당시만 해도 사법연수원을 마친 새내기 법조인이 판, 검사 대신 곧바로 변호사로 나선다면 매우 예외적인 경우로 바라보던 시절이었다. 더구나 말이 국제변호사 사무실이지 영미식 로펌을 지향하는 국제변호사 사무실은 지금으로 치면 일종의 벤처 기업쯤으로 여기던 분위기였다. 그럼에도 불구하고 젊고 유능한 많은 변호사들이 판, 검사 임관을 포기하고 김앤장을 선택했다.

정계성 변호사가 합류한 지 2년이 지난 1978년, 사시 15회의 유국현 변호사가 군법무관을 제대하고 김앤장에 입사했다. 그는 원래 검사 임용을 희망했으나, 당시 야당의 유명한 정치인이었던 유진산(柳珍山)의 손자라는 이유로 임용이 무산되자 김앤장을 선택한 것이다. 정 변호사처럼 예상치 못한 이유로 김앤장에 합류한 셈이나, 유 변호사는 1년 뒤 당초 희망했던 검사 발령을 받았다. 그 후 검찰에서 활약하다가 20년이 지난 1999년 수원지검 2차장검사를 끝으로 다시 김앤장으로 돌아와 의뢰인들을 만나고 있다. 유 변호사는 검사로 임용되기 전 김앤장에서 연마한 국제 업무의 경험을 살려 검찰에서도 국제 관련 사건의 수사와 처리에 두각을 나타냈다.

이어 1979년 정계성 변호사의 사법시험 동기인 6기의 김용갑, 우창록 변호사가 군법무관을 제대하면서 김앤장으로 직행했고, 제17회 사법시험에 합격했으나 예일대 로스쿨로 먼저 유학을 다녀오는 바람에 2년 늦게 연수원에 입소해 9기로 연수원을 마친 조대연 변호사와 같은 9기의 윤상일 변호사가 합류했다. 우창록 변호사는 나중에 독립해 법무법인 율촌을 이끌고 있다. 윤상일 변호사도 그 후 검사가 되었다가 지금은 중소 법무법인을 운영하고 있다.

1980년엔 사시 17회의 정경택, 신희택, 양영준 변호사와 연수원

10기의 정병석 변호사가 합류했다. 연수원 기수는 같으면서도 입사 연도에 차이가 나는 것은 대개 군복무 때문이다. 또 1981년 연수원 8기의 현천욱, 11기의 허익렬 변호사가 합류한 데 이어 1년 뒤인 1982년엔 9기의 박준, 전강석, 최재경 변호사 등이 한 식구가 되었다.

젊은 변호사들의 합류는 곧이어 시동이 걸린 김앤장의 초고속 성장을 뒷받침하는 밑바탕이 되었다.

김앤장은 우선 변호사 수로 대표되는 규모에 있어서 다른 로펌을 앞서 나가기 시작했다. 1년 뒤 검사가 되어 김앤장을 떠난 유국현 변호사를 제외하더라도 1976년 정계성 변호사를 포함해 3명이던 김앤장의 변호사 수는 3년 뒤인 1979년 종전의 2배가 넘는 7명으로 늘었다. 1년 뒤인 1980년 3명의 변호사가 추가로 합류하고, 1981, 1982년에도 2, 3명의 변호사가 한 식구가 되는 등 해마다 상당한 비율로 전체 변호사가 늘어나는 가파른 성장곡선을 그리며 발전을 거듭했다.

규모의 확대와 함께 또 하나 주목해야 할 것은 1980년을 전후해 김앤장에 합류한 초기 멤버들의 특출한 면면이다. 이들은 사법시험 수석 합격, 최연소 합격, 대학 3학년 때 합격, 사법연수원 수석 수료, 대학 수석 입학·졸업 등 '똑똑하다'는 레테르를 한두 개씩 달고 다니는 한국을 대표하는 수재들로, 30년이 지난 지금 김앤장의 수많은 업무분야를 나눠 맡으며 해당 분야의 핵심 파트너 변호사로 맹활약하고 있다.

말하자면 초기부터 유능한 인재가 모여들며 세계의 어느 로펌에 내놓아도 밀리지 않을 탄탄한 맨파워를 구축한 곳이 김앤장인 셈인데, 젊은 인재를 끌어 모으는 데 앞장섰던 김영무 변호사는 "돌이켜 보면 운도 꽤 좋았다"고 초기 리쿠르트의 성공을 뿌듯해했다. 뒤이어 합류한 수많은 변호사의 맏형 격인 정계성 변호사는 또 "내 경우를 빼면 대부분 신원문제 등 임관에 하등 장애사유가 없었음에도 판, 검사를 마다하고 김앤장을 선택했다"며, "가족의 반대가 심했던 점 등을 고려하면 후배들의 선택은 대단히 용기 있는 결단이었다"고 평가했다.

실제로 이들은 판사 임용이 좌절돼 김앤장을 선택한 정계성 변호사의 경우와는 달리 스스로의 의지로 판, 검사 임관을 포기하고 김앤장에 합류했다는 점에서 사법연수원 출신 변호사의 로펌 행이라는 한국 로펌 업계의 큰 흐름을 이끌어 낸 선구자들이라고 할 수 있다. 이후 김앤장은 물론 다른 로펌들에서도 연수원 출신 변호사의 합류가 이어지며 한국 로펌 업계가 비약적으로 발전하는 발판이 마련됐다.

프런티어 변호사들

젊은 변호사들이 잇따라 합류한 1979, 1980년은 김앤장이 한국 로펌 업계에서 다크호스로 떠오르고 있을 때였다. 하지만 아직 리더라고 할 수는 없었다. 로펌이나 변호사의 국제거래 자문에 대한 인식이 널리 퍼져 있지도 않았고, 로펌의 존재나 업무가 여전히 생소하게 느껴지던 시절이었다. 당장 일손이 달릴 만큼 김앤장에 일이 많지도 않았다.

그러나 김앤장은 일찍부터 초특급 인재의 영입에 나섰다. 그것도 한두 명이 아니라 해마다 여러 명씩 꾸준히 채용하며 다가올 미래에 대비했다. 김앤장이나 김앤장을 선택한 변호사들이나 공통적으로 일종의 '모험'을 한 셈이나, 이들의 선택은 훗날 아시아 최고 로펌, 아시아 최고 수준의 전문 변호사라는 성공으로 나타났다.

먼저 김영무 변호사로 대표되는 지휘부의 과감한 인재영입 노력을 빼놓을 수 없다. 한국에 영미식의 선진 로펌을 만들어 보자고 각오를 다진 김앤장의 설립자들은 인재확보가 우선이라고 보고, 능력 있는 후배들을 데려다가 본격적으로 로펌의 시스템을 구축하는 기초공사에 착수했다. 김영무 변호사가 얼마나 인재영입에 공을 들였는지 그에게는 한동안 '사람 끌어당기는 귀재'라는 별명이 붙어 다니기도 했다. 사법연수원을 마친 후 판사가 되었다가 나중에 김앤장에 합류한 한 중견 변호사는 "김영무 변호사가 국내 로펌이 나아가야 할 방향에 대해 명쾌하게 비전을 제시하는 것을 보고 김앤장 입사를 결심했다"고 이야기하기도 했다.

또 김앤장 최초의 어소시에이트인 정계성 변호사는 뒤이어 후배들이 김앤장에 합류하는 중간고리의 역할을 했다. 직접 후배들을 만나 김앤장 동참을 권유하기도 했지만, 사법연수원을 수석으로 마친 정 변호사가 김앤장에서 열정을 갖고 활동하는 것을 본 우수한 성적의 후배들이 줄지어 김앤장으로 몰려든 것이다. 정 변호사는 이후 금융 전문 변호사로 이름을 날리며, 김앤장에 합류할 당시나 지금이나 성공한 로펌 변호사의 훌륭한 역할모델을 해내고 있다.

그러나 무엇보다도 지적 호기심과 함께 새로운 분야에 대한 개척 욕구가 대단했던 젊은 변호사들의 프런티어 정신을 빼놓고 김앤장의 초기 리쿠르트 성공을 설명하는 것은 쉽지 않다. 그들은 판, 검사 임관이란 안정된 진로를 버리고 모험에 가까운 선택을 한 주인 공들로, 그들의 이런 도전이 있었기에 김앤장의 오늘이 가능했다고 해도 틀린 말이 아닐 것이다.

하나 더 추가한다면 유신체제에 이어 제5공화국으로 이어지는 당시의 시대적인 상황도 능력이 우수한 젊은 변호사들이 김앤장을 선택하는 데 적지 않은 영향을 미쳤다. 민주화가 되기 이전의 권위주의 시절, 판, 검사 직무를 수행해야 하는 데 따른 심리적 부담이 적지 않았기 때문이다. 1980년을 전후해 김앤장에 입사한 변호사들의 이야기를 들어보면, 이런 분석이 전혀 과장이 아님을 잘 알 수 있다.

김앤장의 지적재산권 분야에서 맹활약하고 있는 양영준 변호사는 사법연수원 동기인 신희택 변호사를 따라 김앤장을 드나들면서 새로운 세계에 눈을 뜨게 되었다고 한다. 또 육군본부에서 군법무관으로 근무하며 경험한 역사적 사건들이 판사를 꿈꾸었던 당초의 생각을 밑바닥에서부터 뒤흔들어 놓는 요인으로 작용했다고 김앤장을 선택한 동기를 설명했다.

"육군본부에 있을 때 신군부가 기소한 '김대중 내란음모 사건' 등 굵직굵직한 역사적 재판을 많이 지켜봤어요. 결정적인 것은 박정희 전 대통령 시해사건과 관련해 김재규, 박흥주 등이 사형집행 당하는 장면을 직접 목격한 경험이었습니다. 제가 집행한 것은 아니고 지켜보기만 한 것인데도 판사직에 대한 회의가 많이 일었습니다. 그래서 고민하고 있는데 김앤장이 떠오르더군요. 아, 거기 참 새로운 사무실이 있었지 하고."

양 변호사는 원래 검사직에는 흥미가 없었다고 했다. 판사의 길도 접었으니 이제 남은 건 변호사 개업이었으나, 당시의 기준에서 보면 변호사 개업을 하기에는 나이가 너무 젊었다. 또 당시 재야법조계에서 활약하던 재조 출신 변호사들처럼 그에게는 판, 검사 경력도 없었다. 사법연수원 연수와 군법무관 근무가 예비 법조인으로서의 경력의 전부였다.

고민을 거듭하던 그는 마침내 김앤장에 합류하기로 결심했다. 하지만 부모님을 설득하는 일이 문제였다.

"워낙 완고하신 시골 분들이시라 펄쩍 뛰시더군요. 그래도 제가 결심을 굽히지 않자 아예 자리를 깔고 드러누워 버리셨어요. 변호사는 아무 때나 할 수 있는 건데 무엇 때문에 벌써 그 길에 들어서려고 하느냐는 거였어요. 나중에는 딱 1년만이라도 판사를 하고 나오라고 타협안을 제시하기까지 하셨습니다."

그러나 양 변호사는 부모님의 만류에도 불구하고 김앤장을 선택했다. 로펌의 어소시에이트 변호사라는 게 당시에는 누구도 끝까지 가보지 않은 '미답(未踏)의 길'이었지만 그는 뭔가 신선하고 새로운 분야에 적극적으로 도전해 보고 싶다는 일념으로 부모가 그토록 원했던 판사 임관을 포기했다.

"아직 젊으니까 공부도 더 하고 싶었고, 스스로 발전할 수 있는 길을 모색하고 싶었어요. 가끔 김앤장에 가 보면 미국변호사도 보이고, 대화를 서로 영어로 주고받고 하는 게 흥미롭게 느껴졌죠. 그때만 해도 외국인을 쉽게 볼 수 있는 시절이 아니었거든요. 아무튼 김앤장은 새로운 게 참 많고, 영어와 기업에 관련된 업무 등 배울 것도 매우 많은 곳이라는 생각이 들었습니다."

양 변호사와 사법연수원 동기인 정경택, 신희택 변호사도 비슷한 과정을 거쳐 김앤장을 선택했다. 재미있는 것은 연수원 동기로 거의 매일 함께 몰려다니던 세 사람이었지만 김앤장에 와서야 같은 배를 타게 된 사실을 알게 되었다는 점이다. 판, 검사 임관을 포기하고 로펌의 고용변호사라는 생소한 진로를 선택한 자신의 결정이 주변의 공감을 얻기 쉽지 않다고 판단했던 탓인지 이들은 가까운 연수원 동기에게조차 김앤장에 입사한다는 사실을 밝히지 않았던 것이다.

지금은 김앤장의 M&A와 공정거래 분야를 총괄하고 있는 정경택 변호사의 회고다.

"우리끼리는 상의를 안 했던 터라 김앤장에 와서 보고 무지하게 놀랐죠. '어, 너도 왔냐' 하고 놀란 표정으로 서로를 쳐다보던 기억이 생생합니다."

그는 이어 "각자 여러 사연이 있었겠지만, 당시의 암울한 시대상황도 우리를 김앤장이라는 같은 길로 이끈 요인 중 하나가 되었던 게 사실"이라고 말했다. 정 변호사는 "대학시절에 데모도 하고, 유신치하에서 사법연수원 연수를 거쳐 군법무관 근무를 하면서, 앞으로 이런 상황에서 법관 생활을 해야 한다고 생각하면 뭔가 꺼림칙한 게 고민이 많았다"고 김앤장에 합류할 당시를 떠올렸다.

"당시에는 또 법학이 별로 발전이 안 되어 있었어요. 일본 주석서 보고 공부했던 게 우리 현실이었으니까요. 판례집도 제대로 없었고, 요즘처럼 잘 발달된 판례 검색이나 법률문헌 검색시스템 같은 것도 있을 리 없었죠. 그런 상황이니 시보 생활을 해 보아도 답답하고, 뭔가 좀 색다른 일을 할 게 없나, 이런 데 늘 생각이 가 있었습니다. 그러다가 김앤장을 알게 되었는데, 매일 민법, 형법만 보다가 외국인투자 이런 것은 그때 처음 들어 보았죠. 처음엔 무역거래만 하는 줄 알았어요. 그래서 관련 분야 등을 혼자 공부하기도 했는데, 나중에 들어와 보니까 엄청나게 다양한 일을 하고 있었어요. 새롭고 다양한 것을 해보고 싶다는 일념 하나로 김앤장을 선택했습니다. 집에서는 물론 엄청 반대했죠."

정경택 변호사의 이런 사연이 당시 김앤장을 선택한 초창기 멤버들의 일반적인 정서적 배경이었다면, 좀 더 구체적인 비전을 갖고 김앤장에 입사한 사람도 없지 않았다.

김용갑 변호사의 경우 대학시절 민사소송법 시험답안지에 "앞으로는 변호사도 회사 형태로 나아갈 것"이라고 적었을 만큼 로펌 형태의 법률사무소에 남다른 견해가 있었다고 한다. 또 지금은 서울대 법학전문대학원 교수로 활약하고 있는 신희택 변호사는 평소부터 우리 사회가 발전하려면 민간 부문이 더 성장해야 한다는 소신을 가지고 있었다고 말했다. 군(軍)과 관(官)이 압도적인 파워엘리트 집단으로 사회 전체를 지배하며 이끌어가는 시대였지만, 이제는 민간 부문의 발전에도 눈을 돌리고 힘을 쏟아야 한다는 생각을 많이 했다는 것이다.

하지만 집안의 강력한 반대를 극복해야 했던 것은 김용갑 변호사나 신희택 변호사도 예외가 아니었다. 양영준 변호사가 '판사 1년'을 타협안으로 제시받은 데 비해 신희택 변호사는 6개월만이라도 판사를 한 후 변호사를 하라는 제안을 받았다. "6개월이라도 판사직을 수행하고 나오면 그 경력이 변호사 업무에 무시하지 못할 플러스 요인이 될 것"이라며, 부모님이 판사 임관을 간곡하게 요청했다.

신희택 변호사는 그러나 결국 김앤장으로 직행하는 길을 선택했다. 본인의 생각과 함께 김앤장 선배들의 조언과 설득을 듣고 내린 결단이었다. 그가 당시 선배들로부터 들었다며 기억을 되살려 이야기했다.

"선배들은 경력관리 차원에서 판사직을 수행하는 것은 올곧은 법조인의 도리가 아니라고 했어요. 막중한 공직 임무를 수행하는 판, 검사 자리를 개인의 경력관리를 위해 이용하는 것은 도덕적이지 못하다고 했죠. 나아가 로펌 변호사는 의뢰인을 철저하게 클라이언트 즉, 고객으로 응대해야 하는데, 어중간한 판, 검사 경험은 어깨에 불필요한 힘만 들어가게 할 뿐 변호사로서의 자세 확립에 오히려 걸림돌로 작용할 수 있다고 지적했어요."

본인이 원하고 김앤장에서도 공을 들였지만 집안의 반대를 꺾지 못해 결국 합류하지 못한 사람도 물론 있었다.

로펌이 아직 재야법조계의 주류가 아닌 비주류 특수영역의 위치에서 벗어나지 못하고 있었고, 일반의 인식도 낮았던 상황에서 김앤장과 김앤장의 선배들이 젊은 인재들에게 제시한 비전은 무엇이었을까.

판, 검사 월급보다 많은 로펌 변호사의 급여도 유인요소 중 하나였겠지만, 그것이 전부는 아니었다. 오히려 김앤장에선 새로운 업무, 깊이 있는 일을 얼마든지 해볼 수 있다는 벤처적인 도전을 가장 큰 매력으로 내세웠다고 한다. 그리고 그것이 젊은 인재들의 내면에 들끓고 있던 새로운 것에 대한 욕구, 발전에 대한 열망에 부합하며 초기 리쿠르트의 성공으로 이어지게 되었다고 설명했다.

지적재산권 전문으로, 김앤장에서 신입 변호사 채용 관련 업무를 담당하고 있는 조성진 변호사는 당시의 상황을 전해 들었다며, 초창기 선배들 사이에 오갔던 이야기를 다음과 같이 정리해서 소개했다.

"그때 김앤장의 선배들은 미래를 내다보고 남보다 앞서 시대를 개척하고 있다는 자부심이 대단했다고 해요. 그래서 유신체제라는 특수한 정치상황 때문에 갈등하는 후배들에게 자신 있게 말할 수 있었다는 거죠. '지금은 우울한 시대다. 하지만 머지않아 우리 사회가 법에 의해 움직이는 시대가 올 것이다. 지금이야 관이 압도적으로 우월한 지위를 누리고 있지만, 곧 민간 부문이 활발하게 움직이는 시대가 오고, 국제화 시대도 열릴 것이다. 당신 같은 20대 젊은 이가 현실에 안주하고 있어서야 되겠는가. 국제거래, 기업자문 변호사 업무는 보다 창조적이고 적극적이며, 자유로운 도전이 가능한 영역이다. 미래를 걸고 뛰어들어볼만 한 가치 있는 일이다'라고 말입니다."

결국 김앤장과 김앤장을 지원한 젊은 변호사들의 도전정신이 초기 리쿠르트의 성공을 이끌어 내며 오늘의 김앤장을 있게 한 가장 큰 원동력으로 작용했다는 것이다.

3인 트로이카 체제의 완성

사법연수원 출신 변호사들의 리쿠르트를 통해 본격적으로 로펌의 틀을 만들기 시작한 1979년, 김앤장에는 중요 인물이 또 한 사람 합류했다. 이후 김앤장의 송무 분야를 이끌며 대외적으로 김앤장을 대표하는 역할을 맡게 되는 이재후 대표변호사가 그 주인공이다.

기업의 국제거래 자문을 주로 해 온 김앤장이지만 자문 분야가 자리를 잡으면서 민사, 상사, 형사소송 등 이른바 송무에 관련된 업무도 차츰 늘어나게 되었다. 그러던 차에 송무 분야를 맡아 이끌 대법원 재판연구관 출신의 이재후 변호사를 영입하게 된 것이다. 공동설립자 중 한 사람인 장수길 변호사도 3년여 판사를 역임한 경력이 있지만 그는 송무 외에도 지적재산권, 국제중재, 해상 등의 분야에서 후배들을 지휘하며 기업자문 전반을 이끌었다. 따라서 이재후 변호사의 합류엔 김앤장이 본격적으로 송무를 강화하고 나섰다는 의미가 있었다.

이 변호사는 서울대 법대에 수석 입학해 대학 재학 중 고등고시 사법과 13회에 합격한, 법원 내에서도 실력을 인정받는 판사였다. 김앤장 합류 당시의 직책은 서울형사지법 부장판사 직무대리. 1년 간의 미국 연수를 마치고 돌아와 부장판사 발령을 눈앞에 둔 시점 이었다.

그는 그러나 준비되어 있던 길을 가는 대신 김앤장이라는 뜻밖의 선택을 했다. 그것도 당시 판사라면 누구나 꿈꾸었던 부장판사 발령을 얼마 안 남기고 김앤장의 변호사가 된 것이다. 그때는 변호사 개업을 하더라도 대개 부장판사를 역임한 다음 법복을 벗는 게 상식처럼 여겨졌던 시절이었다.

이재후 변호사는 당시의 상황에 대해 이렇게 이야기했다.

"지금은 법무법인 충정의 대표변호사로 활약하고 있는 황주명 변호사가 나보다 1년 먼저 미국에 연수를 다녀와서 법원을 그만두고 석유공사의 총괄 고문변호사(General Counsel)로 나갔어요. 황 변호사가 한국 최초의 기업체 소속 고문변호사였을 겁니다. 미국에서 영향을 받았겠죠. 국내에서는 아직 고문변호사가 뭔지도 모를 때였으니까요. 나도 좀 놀랐어요. 황 변호사와 자주 만나면서 로펌이나 기업체 고문변호사 등 법조의 새로운 영역에 대해 알게 되었는데, 황 변호사가 김앤장에서 법원 쪽 일을 잘 아는 사람을 찾는다며 김영무 변호사를 만나 보라고 해서 이야기가 시작되었습니다."

이재후 변호사와 황주명 변호사는 서울대 법대 동기로, 고시 13 회에 나란히 합격한 고시 동기이기도 하다.

이재후 변호사는 언젠가 변호사로 나가야 할 때가 오리라고 생각하지 않은 것은 아니었지만 당장의 고려사항은 아니었다고 말했다. 그런데 로펌다운 로펌을 육성하겠다는 김영무 변호사의 탁월한 구상에 공감해 곧바로 합류하게 되었다는 것이 그의 설명이다.

물론 그도 미지의 영역으로 뛰어드는 것에 대한 망설임이 없지 않았다. 하지만 한 번 도전해볼 만한 일이라고 생각했다. 그리고 그렇다면 시기는 지금이어야 한다고 마음먹었다고 한다. 인생의 기로에 선 그는 아버지와 상의했다. 법철학자이자 문교부차관, 홍익대 총장을 지낸 고(故) 이항녕 박사가 그의 부친이다. 아버지는 "알아서 하라"며 아들의 선택과 의사를 존중해 주었다.

오히려 법원 등 주변에서 이재후 판사의 사표 제출을 만류하고 나섰다. '아무 때나 하면 되는 변호사'를 왜 하필이면 부장판사 발령을 앞두고 하겠다는 것인지 도통 알 수 없다는 반응이었다. 사표는 두 달쯤 끌다가 처리되었다.

이재후 변호사가 판사를 그만두고 김앤장에 합류하는 데에도 젊은 변호사들이 사법연수원을 나와 김앤장을 선택할 때처럼 주변의 만류를 뿌리치고 새로운 세계에 뛰어든다는 도전정신이 밑바탕에 깔려 있었던 셈이다.

이재후 변호사의 합류로 김앤장은 한 단계 더 발전할 수 있는 발판을 마련했다. 기업자문에 이어 송무 사건을 본격 수행하게 된 것이다. 특히 그의 김앤장 행은 법원 쪽에 김앤장의 존재를 알리는 계기가 되었다. 기업자문이 주 영역이었던 김앤장은 그동안 법원과의 접점이 약했으나, 이재후 변호사가 합류하면서 법원에 근무하는 많은 사람들이 김앤장이 어떤 곳이며, 무슨 일을 하는지, 어떤 구조의 법률사무소인지 관심을 갖게 된 것이다.

이재후 변호사의 변호사 개업을 축하하는 행사가 김앤장에서 열렸다. 기업자문 업무를 주로 수행하는 김앤장의 변호사들은 개업식을 하지 않고 곧바로 업무를 시작하는 게 보통이지만, 대법원 재판연구관을 역임하고 부장판사 발령 직전에 김앤장에 합류한 이 변호사는 다른 재조 출신 변호사들이 법률사무소를 열 때 하는 것처럼 지인 등을 초청해 개업을 축하하는 자리를 마련한 것이다.

개업식엔 이재후 변호사의 법원 시절 동료와 선후배 법관, 대법관 등이 많이 참석했다. 그날 개업식에서 외부 손님들이 확인한 김앤장은 사무실의 규모나 구조부터 여타 법률사무소와는 확연하게 달랐다. 보통의 법률사무소가 변호사가 근무하는 방 하나에 사무장과 여직원이 일하는 공간 등으로 구성되어 있는 데 비해 김앤장은 건물 2, 3개 층을 통째로 사용하며, 층마다 여러 개의 회의실을 배치하고 있었다. 도서실도 갖추고 있었다. 김앤장의 이러한 사무실 구조는 변호사가 늘어 규모가 커진 지금도 그대로 이어지고 있다. 개업식에서 김앤장의 물리적인 구조를 처음 접한 법원 사람들이 김앤장의 업무내용 등 내부 콘텐츠에 대해서도 특별한 호기심을 갖게 되었음은 물론이다.

이재후 변호사는 법원에서의 경력을 살려 이후 주로 김앤장의 송무 파트에서 역량을 발휘했다. 또 대표변호사 중 한 사람으로서 대외적으로 김앤장을 대표하는 역할을 많이 수행하고 있다.

이재후 변호사의 합류는 특히 트로이카로 불리는 김앤장의 3인 대표체제의 구축이라는 의미가 컸다. 로펌 운영의 전체 그림을 그리고, 인재영입 등 로펌의 기틀을 짜는데 주력하는 김영무 변호사와 기업자문 분야를 이끌고 있는 장수길 변호사, 그리고 법원 쪽 경력을 바탕으로 송무와 함께 국내 쪽 대외업무를 맡고 있는 이재후 변호사로 구성된 김앤장의 트로이카는 이후 김앤장의 고속성장을 견인하는 뛰어난 리더십으로 발전했다.

여기에 한 사람 더 추가한다면, 10여 년 뒤 합류하는 검사 출신의 현홍주 변호사를 들 수 있다. 1993년 김앤장에 합류한 현홍주 변호사는 검사, 국가안전기획부 차장, 국회의원, 법제처장, 주UN대사, 주미대사 등 다양한 분야에서 풍부한 공직경험을 쌓은 인물로, 원어민 수준의 격조 높은 영어 구사와 외교관 생활을 통해 단련된 세련된 매너로 국내는 물론 국제 로펌 업계에서도 명성이 높다. 김앤장에선 지금도 '현 대사님'이란 애칭으로 통하며, 국가 간 거래, 국제중재 등의 분야에서 여전히 현역으로 활약하고 있다. 이재후 대표와 함께 김앤장을 대외적으로 대표하는 역할도 많이 수행한다.

이재후, 김영무, 장수길 3인의 대표체제는 현 변호사가 합류할 때까지 이어지며 김앤장을 국내 최고의 로펌으로 이끄는 또 하나의 성장동력이 됐다.

초고속 성장 2

후발주자의 캐치업 전략

지금은 한국을 뛰어넘어 아시아 최고의 로펌으로 명성을 이어가고 있지만, 설립 당시만 해도 김앤장은 변호사 두 사람으로 구성된 작은 법률사무소에 불과했다. 물론 관련 업계의 선발주자도 아니었다. 나중에 로펌 형태로 발전한 기업변호사 또는 국제변호사 사무실의 설립 순서를 따지면 네 번째 로펌쯤에 해당된다.

1973년 김앤장이 출범할 당시 한국의 재야법조계엔 이미 김흥한 변호사가 설립한 김·장·리 법률사무소와 김·신·유, 중앙국제 법률사무소 등이 먼저 문을 열고 맹렬하게 시장을 개척하고 있었다. 말하자면 후발주자인 김앤장이 가세하며 주로 기업 및 국제 관련 업무를 수행하는 로펌 업계가 더욱 모양을 갖춰가기 시작했다고 하는 게 정확한 표현일 것이다.

한국 최초의 로펌인 김·장·리가 설립된 때는 1958년 9월. 미국 조지워싱턴 대 로스쿨에서 비교법학석사와 법학석사 학위를 취득하고 돌아온 김흥한 변호사가 한국 최초의 여성변호사인 이태영 변호사와 함께 이앤김이라는 미국식 간판을 내걸고 국제변호사 사무실을 표방하면서 한국 로펌 업계의 역사가 시작됐다. 이앤김은 이어 5.16 직후 장대영 변호사가 합류하면서 김·장·리로 이름을 바꿔 김앤장이 따라잡을 때까지 한국 로펌 업계의 선발주자로 기업법무 및 국제법무 시장을 리드했다.

김·장·리의 뒤를 이어 1967년 김진억 변호사에 의해 설립된 김·신·유도 김·장·리 못지않게 활약이 대단했다. 특히 외국회사를 대리할 만한 법률사무소가 김·장·리와 김·신·유 두 곳 정도에 불과한 실정이어서 두 사무소가 관련 시장을 과점하는 형태로 초기 로펌 업계가 발전을 계속했다.

김·장·리가 외국계 은행 중 한국에 가장 먼저 진출한 체이스 맨해튼 은행을 자문하자 뒤이어 상륙한 뱅크 오브 아메리카(Bank of America, BOA)가 체이스 맨해튼과의 경쟁관계를 의식해 김진억 변호사가 이끄는 김·신·유를 찾아가 자문을 받은 게 대표적인 사례다. 김·장·리가 미국 쪽 고객이 많았던 데 비해 김·신·유는 특히 유럽계 회사를 많이 대리했다고 한다.

또 이병호 변호사가 중심이 돼 설립된 중앙국제는 처음부터 특허 쪽에 특화해 특허 전문 법률사무소로 출발했다. 이 무렵 정부의 수출 드라이브 정책에 힘입어 외국의 기술과 자본이 국내로 대거 유입되며 특허와 상표의 출원, 라이선스 계약, 특허 관련 소송 등의 분야에서 두각을 나타냈다.

김앤장이 돛을 올린 1970년대 초는 특히 한국 경제가 1, 2차 경제개발 5개년계획을 성공적으로 완수하며 경제 개발에 더욱 박차를 가할 때여서 김·장·리 등 관련 법률자문을 수행하는 법률사무소에 일감이 넘쳐났다. 공장 건설을 위한 외자도입, 외국계 은행과 기업의 국내 진출, 특허 및 라이선스 관련 업무 등이 이 당시 국제변호사 사무실에서 수행했던 대표적인 업무들이다.

하지만 후발주자로 출발한 김앤장의 초기 시절은 이런 특수와 거리가 멀었다. 다국적 기업과 외국계 은행 등 굵직굵직한 고객은 김·장·리나 김·신·유 등 선발 로펌이 독차지하고 있었기 때문이다. 김앤장은 오히려 이들 선발주자를 하루빨리 따라 잡는 게 시급한 과제였다.

"앞서 가던 한 로펌의 변호사는 워낙 바빠서 미처 처리할 수 없거나 '이해관계의 충돌(conflict of interests)' 때문에 자문에 응하는 게 곤란한 사건이 생기면 직원을 불러 그 사건의 서류뭉치를 건네면서 '이 서류는 김 군에게 보내라'고 지시하곤 했다고 해요."

당시의 사정을 잘 아는 법조계의 한 원로 변호사는 초창기 로펌 업계의 분위기를 이렇게 설명했다. 여기서 '김 군'은 김앤장을 설립한 김영무 변호사를 가리키는 말로, 국내외 법률시장에서 이름을 날리고 있는 김앤장의 현재 위상과는 사뭇 거리가 먼 모습이다. 이해관계 충돌이란 변호사가 현재 담당하고 있거나, 과거에 처리한 사건과 이해관계가 대립되는 사건은 당사자의 동의가 없는 한 원칙적으로 맡을 수 없다는 변호사 윤리에 관한 원칙을 말한다.

이런 김앤장이 어떤 노력과 성장전략을 통해 한국의 로펌 업계를 석권하고, 아시아 시장에 우뚝 솟을 수 있었을까. 김앤장의 성공스

토리는 후발주자의 캐치업(catch up) 전략이란 점에서도 시사하는 바가 크다. 국내 네 번째 로펌으로 출발해 선발 로펌들이 맡지 않는 사건을 처리하며 이들을 제치고 업계 정상에 올랐기 때문이다.

이후 김·장·리는 법무법인 양헌으로 이름을 바꿔 중견 로펌의 위상을 이어가고 있으며, 김·신·유는 법무법인 화우와 합쳤다. 또 중앙국제는 이름이 법무법인 중앙으로 바뀌었으나 설립 초기와는 업무영역 등이 많이 달라졌다.

씨티은행 자문

김앤장이 출범하고 몇 년이 흐른 1970년대 후반. 김앤장은 세계적으로 이름이 높은 씨티은행에 고정적으로 자문을 제공하게 되었다. 한국에 진출한 씨티는 그때까지 한 개인변호사로부터 자문을 받아 왔으나, 한창 업무에 탄력이 붙기 시작하던 김앤장의 이름을 듣고 고문 법률회사를 김앤장으로 변경한 것이다.

씨티은행 이외에도 이미 여러 외국계 회사가 김앤장의 자문을 받은 경험이 있었지만, 씨티의 김앤장 행은 의미가 작지 않았다. 씨티가 세계 금융계에서 차지하는 위상이 상당했던데다 당시 외국계 은행이 로펌의 고객에서 차지하는 비중이 워낙 컸기 때문이다. 이후 김앤장의 명성이 알려지며 체이스 맨해튼, BOA, 도쿄은행 등도 고문 법률회사를 김앤장으로 바꾸었는데, 김앤장의 자문을 받기 시작한 외국계 은행은 씨티가 처음이었다.

외국 은행에 대한 자문을 맡으면 국내 진출에 따른 지점 설립을 비롯해 대출 관련 서류의 작성, 담보 설정, 여러 계약의 체결 등 로펌이 지원해야 할 관련 업무가 한두 가지가 아니었다. 더구나 은행을 고객으로 확보하면 파생적인 업무가 부수적으로 따라오는 경우가 적지 않아 로펌에게는 더욱 중요한 고객이라고 할 수 있다. 기업이 외국에 나가 사업을 하려면 필수적으로 은행을 찾게 마련인데, 특정 은행을 주거래은행으로 정하면 고문변호사도 대개 해당 은행에서 소개하는 사람을 쓰는 경우가 많기 때문이다.

김앤장이 관련 업계에서 주목을 받으며 본격적인 발전을 위한 발판을 마련하기 시작한 것도 씨티의 자문을 맡은 이 무렵부터로 알려져 있다. 씨티는 이후 30년 넘게 김앤장을 자문로펌으로 이용하고 있다. 얼마 전 1심 판결이 나온 가운데 상급심이 진행 중인 키코(KIKO) 분쟁에서도 김앤장이 씨티은행을 대리하고 있다.

비슷한 시기에 김앤장은 외환은행 일도 도맡아 처리하게 됐다. 특수은행인 외환은행은 신용장 거래가 많아 법률회사로서 경험을 축적할 수 있는 좋은 기회가 되었다.

"당시 국제소송이 중요 장르가 될 것으로 예상하고 노력을 많이 했어요. 흥미로운 사건도 많았죠. 외환은행 관련 사건 중에 미국령인 괌 현지의 법원에서 2년 넘게 소송이 진행되다가 잘 안 되니까 김앤장을 찾아 온 조인트 벤처(합작회사) 관련 사건이 있었어요. 현지에 가 보니 그동안 쌓인 서류가 캐비닛으로 두 개가 넘는 거예요. 그걸 정리하고 이리저리 법리를 연구해서 미국 연방대법원까지 올라가는 송사(訟事) 끝에 결국 이긴 기억이 있습니다. 그때는 그런 일이 많아서 영국 책, 미국 책을 열심히 뒤져가며 국내외 분쟁에 대비했죠. 나라마다 법률용어가 달라서 애도 많이 먹었어요."

　장수길 변호사는 "대부분이 처음 경험하는 일로, 새로운 접근법을 찾아내며 문제를 풀어가는 재미에 힘든 줄 모르고 덤벼들었다"고 당시를 회상했다. 그는 이어 "돌이켜 생각하면 그런 기회를 갖게 해 준 고객에게 감사할 뿐"이라며, "김앤장이 지금도 많은 자문을 제공하고 있는 씨티와 외환은행 일이 초창기의 역량 강화에 큰 도움이 되었다"고 말했다.

출범 10년 만에 선두로 올라서다

젊은 인재들이 잇따라 합류하며 김앤장은 업무에 있어서도 무서운 기세로 선발주자들을 추격해 나갔다. 씨티은행에 이어 다른 외국계 회사와 은행들도 김앤장으로 속속 고문 법률회사를 바꾸면서 선발 로펌들 사이에선 김앤장 주의보가 내려질 정도였다.

김앤장의 한 중견 변호사는 "김앤장의 전문성과 매끄러운 일처리를 확인한 외국계 고객들이 그동안 자문을 받아 오던 로펌을 떠나 마치 자석에 이끌리듯 김앤장에 자문을 의뢰하기 시작했다"고 잇따라 고객이 늘어나던 당시의 모습을 비유적으로 설명했다. 물론 이들 대형 고객을 끌어들인 김앤장의 장점은 설립순서나 소속 변호사들의 경력이 아니라 젊은 인재들의 탁월한 업무수행 능력이었다.

김앤장이 김·장·리 등 선발업체들을 제치고 선두로 올라선 것은 출범 후 대략 10년 정도가 경과한 1980년대 초반. 이 무렵 김·장·리의 첫 고객이었던 체이스 맨해튼 은행이 고문 법률회사를 김앤장으로 바꿔 로펌 업계의 달라진 판도를 상징적으로 보여주었다. 물론 그 이전부터 씨티은행과 GM 등 여러 외국계 기업이 김앤장의 자문을 받고 있었다.

설립 10년 만에 선두로 올라섰다는 것은 그만큼 초고속으로 성장해 왔다는 이야기로, 김앤장의 빠른 발전은 외국 로펌들 사이에서도 화제가 될 만큼 유례가 없는 것으로 알려지고 있다. 설립 10년 만에 국내 로펌 업계를 평정한 김앤장은 얼마 안 가 아시아 최고의 로펌으로 발전을 이어갔다.

김앤장의 빠른 성장은 우선 변호사 수를 통해 나타났다. 김앤장은 1980년대 초 소속 변호사가 이미 20명을 넘어섰다. 이 시대의 법조계 모습을 그리고 있는 《대한민국 영감님》(강수웅, 1983)에 따르면 1983년 당시 김앤장엔 대표변호사 3명을 포함 이미 23명의 변호사가 포진하고 있었다. 또 4명의 변리사와 3명의 세무사가 변호사와 함께 관련 업무를 수행하고 있었다. 일반 직원을 포함한 전 직원은 약 100명. 외형적 규모에서 이미 김앤장이 당시의 다른 로펌들을 크게 앞지르고 있었던 셈이다.

후발주자로 출발한 김앤장이 선발 로펌들을 제치고 10년 만에 로펌 업계의 선두주자로 올라선 배경은 무엇일까.

무엇보다도 인재에 대한 투자와 김앤장의 트레이드 마크처럼 되어 버린 전문화를 빼놓을 수 없다. 특히 1976년 사법연수원 6기의 정계성 변호사를 시작으로, 1980년을 전후해 김앤장에 합류한 사법연수원 출신의 젊고 우수한 인재들이 김앤장의 초고속 성장을 이끈 중요한 동력이 되었다는 것은 한국 로펌 업계에선 공공연한 사실로 통한다.

회사법 분야에서 명성이 높은 김용갑, 정경택 변호사와 현재 서울대 로스쿨 교수로 활약하고 있는 신희택 변호사, 지적재산권 전문의 양영준 변호사, 프로젝트 파이낸싱과 국제중재의 전문가로 손꼽히는 조대연 변호사, 노동 분야에서 이름을 날리고 있는 현천욱 변호사, 얼마 전까지 증권 분야의 간판스타로 활약한 박준 서울대 로스쿨 교수, 해상법의 정병석 변호사, 금융 전문의 허익렬 변호사 등이 모두 1979년에서 1982년에 걸쳐 김앤장에 입사해 김앤장의 빠른 성장을 이끈 초창기 멤버들로, 정계성 변호사를 비롯한 김앤장의 이들 1세대 변호사들이 각기 전문 영역을 개척하며 일찌감치 자리를 잡은 덕에 이후의 깊이 있는 전문화 작업이 급물살을 탈 수 있었다.

"그때는 휴일, 휴가 없이 밤을 새우며 일에 몰두했어요. 선배들도 휴일이 따로 없었지요. 우리가 했던 일이 당시에는 거의 모두 최초였던데다 우리가 아니면 할 사람이 없었기 때문에 선택의 여지도 없었어요. 대신 새로운 케이스를 접하고 개척하는 과정에서 느끼는 재미와 보람은 대단했지요. 변호사는 소송 일을 하는 것으로 으레 인식하던 시절이었는데, 우리는 기업자문이라는 새 분야를 하니까, 그 중에서도 어려운 케이스를 최초로 다루는 경우가 많았으니까 자부심이 대단했습니다. 고객도 큰 기업일수록 복잡하고 까다로운 주문을 많이 해 와 높은 전문성으로 고객의 기대에 부응하려고 열심히 노력했습니다."

해상팀을 이끌고 있는 정병석 변호사는 이어 "짧은 기간에 많은 자문사건을 밀도 있게 다루어 본 경험이 전문화를 촉진하고, 이렇

게 축적된 전문성이 다시 대형 사건의 수임과 매끈한 자문으로 연
결되는 선순환으로 이어졌다"고 설명했다.

　1970년대 불어닥친 오일쇼크를 겪으면서 위축되었던 한국 경제
가 1980년대 들어 제5공화국 정부의 경제개방정책을 통해 다시
활기를 띠기 시작한 시대적인 배경도 김앤장이 초고속 성장을 이
어가는 데 순풍으로 작용했다. 이 시기에 외국인투자가 전면 개방
되었으며, 제약 분야 등에선 국내 기업과 외국 기업의 국내 합작투
자가 줄을 이었다. 로펌 업계에 일종의 특수가 일었다. 인재를 꾸
준히 확보하며 역량을 축적해 온 김앤장은 엄청난 집중력을 발휘
하며 쏟아져 들어오는 사건들을 처리했다. 그러면서 짧은 기간에
전문성과 실력을 강화하는 일석이조의 효과를 누렸다.

　"김앤장이 미국의 로펌들처럼 매우 수준 높은 기업자문 서비스를
제공한다는 사실이 알려지면서 성장에 가속도가 붙기 시작했죠.
'아, 앞으로는 이 분야가 변호사의 새로운 방향이 되겠구나' 하는
인식이 법조계에 퍼지면서 우수한 인재들이 계속 몰려들었고, 이들
이 분야별로 업무를 관장하면서 고객들도 더욱 김앤장을 찾게 되는
선순환으로 나타나게 된 겁니다."

　김영무 변호사와 함께 창립 초기부터 우수한 인재의 영입에 발
벗고 나선 장수길 변호사는 "결과적으로 창립 초기부터 길게 내
다보고 시작한 인재 우선의 경영방침이 그대로 맞아떨어져 오늘
의 성과로 이어졌다"며, 김앤장의 인재제일주의를 다시 한 번 강
조했다.

헝그리 정신

씨티와 외환은행 등을 잇달아 고객으로 확보하며 업무에 탄력이 붙기 시작한 1980년 전후 김앤장에 합류한 초창기 멤버들은 당시의 생활을 '일과 일의 연속'으로 기억하고 있다. 물론 사법연수원을 우수한 성적으로 졸업한 젊은 변호사들의 열정적인 노력이 김앤장이 초기의 발판을 구축하는 데 큰 도움이 되었다.

군법무관 근무를 마친 1982년 곧바로 김앤장에 합류해 M&A 등 기업자문 분야에서 활약하면서 중국팀까지 이끌고 있는 전강석 변호사는 "주말과 휴일은 물론 명절에도 쉼 없이 돌아가는 365일 업무체제가 1988년 무렵까지 지속되었다"고 지나간 시간을 떠올렸다.

"토요일에도 오후 대여섯 시가 되어야 퇴근했어요. 주중에는 일하느라 모두 바빠서 사무실 전체회의는 일요일 오후에 열렸지요. 명절에도 차례를 지내자마자 사무실로 나와 일에 매달렸던 기억이 생생합니다."

한마디로 소속 변호사 모두 사무실과 일 그리고 고객을 맨 앞에 두고 강행군을 해 왔다는 이야기인데, 설립자인 김영무, 장수길 변호사도 예외가 아니었다.

선후배를 떠나 선발업체를 따라잡고 로펌다운 로펌을 만들어 보자는 후발주자의 열정이 사무실 전체의 분위기를 압도하고 있었다고 당시를 경험한 김앤장의 여러 변호사가 이야기했다.

"입사 초기부터 기꺼이 사생활을 포기하고 그야말로 열정을 바쳐 일했습니다. 김앤장의 젊은 변호사들이 그때를 잊지 않았으면 해요."

1981년에 입사한 양영준 변호사는 "당시를 회상하면 어떻게 그 모든 것이 가능했는지 모르겠다"고 되뇌며, "말하자면 헝그리 정신으로 도전하던 시절이었다"고 기억했다.

헝그리 정신으로 뭉친 젊은 변호사들의 노력은 곧바로 실력으로 나타났다. 그리고 열정과 실력을 확인한 우량 고객이 하나둘 김앤장을 찾기 시작하면서 김앤장의 발전에 가속도가 붙었다.

정경택 변호사는 "후발주자인 김앤장이 설립 초기에 대리한 고객들은 상대적으로 규모가 작은 고객이 대부분이었다"며, "그러나 소송이나 합작투자 거래 등의 진행과정에서 김앤장의 솜씨를 눈여겨 본 상대편 기업이 다음 거래 때는 김앤장에 자문을 의뢰하는 식으로 고객 기반이 갈수록 두터워졌다"고 창립 초기 고객이 늘어날 때의 한 단면을 소개했다.

거래 현장에서 상대방 변호사의 뛰어난 모습을 목격한 상대 당사자가 다음 거래 때 자문을 의뢰하는 것은 변호사들 사이에선 빈번하게 일어나는 일로, 후발주자 김앤장의 맹렬한 추격엔 실력을 앞세운 젊은 변호사들의 당찬 일솜씨가 전제돼 있었다.

파트너-어소시에이트의 공동작업

김앤장이 설립된 지 몇 년 지나지 않아 대형 고객을 잇달아 확보하며 발 빠르게 성장한 배경과 관련, 또 하나 지적할 것은 이전의 다른 법률사무소에선 찾아보기 쉽지 않았던 어소시에이트 변호사의 적극적인 역할이다. 상당한 경력의 파트너 변호사와 신참 어소시에이트 변호사의 공동작업을 통해 시너지를 높여 일을 처리한 셈인데, 이후 대부분의 로펌에서 이 방식을 벤치마킹해 팀플레이로 발전시키고 있다.

현재 변호사만 수백 명이 포진하고 있는 김앤장은 수십 개로 전문 분야를 나눠 각 분야별 전문가들이 참여하는 팀플레이로 고객이 필요로 하는 솔루션(해결방안)을 제시하고 있다. 그 시작은 김영무, 장수길, 정계성 변호사가 포진한 초기시절까지 거슬러 올라간다.

한국인 최초로 미국변호사 자격을 취득해 미국과 일본에서 선진 로펌의 업무를 경험한 김영무 변호사와 판사 경력의 장수길 변호사, 그리고 최신의 법률지식으로 무장한 사법연수원 수석 수료의 정계성 변호사가 힘을 합쳐 놀라운 수준의 시너지 효과를 낸 것이다.

지금은 사법연수원 동기들이 대법관으로 활약하고 있을 정도로 중견 변호사가 되었지만, 그때만 해도 가장 연조가 낮았던 정계성 변호사는 당시 김앤장에서 적용했던 업무방식을 다음과 같이 소개했다. 정 변호사는 김영무, 장수길 변호사의 서울대 법대 9년 후배로, 사법시험 회수로는 14, 16회의 차이가 있다.

"텔렉스가 들어오면 두 분 변호사께서 저를 호출했어요. 그리고 그 내용을 검토한 후에 저에게 여러 사항을 물어보았지요. 당시는 판례가 지금처럼 복잡하지도 않았지만, 사법연수원을 수료한 직후라 중요한 판례는 대부분 외우고 있었어요. '최근에 이런 판결이 있었습니다'라고 즉석에서 대답하곤 했는데, 저의 조그마한 역할이 관련 업무를 처리하고, 김앤장의 경쟁력을 대외적으로 알리는 데 기여하게 되리라곤 미처 생각하지 못했습니다."

각기 다른 강점을 지닌 세 사람이 협력해 업무를 처리함으로써 보다 질 높고 효율적인 법률서비스를 제공할 수 있게 된 셈인데, 이런 시스템은 이후 깊은 수준의 전문화와 팀플레이로 발전했다. 젊은 변호사들이 잇따라 합류하며 선후배 간 공동작업이 갈수록 활발해졌기 때문이다. 1979년 이재후 변호사가 합류하면서 송무 분야에서도 시너지가 나타났다.

팀플레이는 외국법 분야까지 확대되었다. 김앤장은 외국변호사를 채용해 영어로 된 의견서를 제공하는 등 외국법에 대한 서비스를 본격 시작했다.

가장 먼저 김앤장에 입사한 외국변호사는 1977년에 합류한 미국 변호사 톰 맥가원(Tom McGowon). 한국 로펌이 영입한 최초의 외국인 외국변호사인 그는 미국법 등에 대한 차별화된 강점으로 김앤장의 경쟁력을 높이는 데 기여했다. 또 미국법에 대한 조사(research)와 의견 검토는 물론 사소한 용어상의 오류가 엄청난 파장을 불러올 수 있는 법률문서 특유의 리스크를 사전에 걸러내는 큰 역할을 했다.

이어 3년 후인 1980년 나중에 주한 미상공회의소(AMCHAM) 회장을 역임한 제프리 존스(Jeffrey D. Jones)가 합류하는 등 이후 김앤장엔 수많은 외국변호사가 합류해 한국변호사와 함께 업무의 시너지를 높여가고 있다. 2012년 현재 김앤장엔 약 120명의 외국변호사가 활동하고 있다. 국내 로펌 중 가장 많은 숫자다.

맥가원은 워커홀릭(workaholic) 즉, 일벌레가 많기로 유명한 김앤장 내에서도 타의 추종을 불허하는 성실성으로 깊은 인상을 남겼다고 한다. 당시 초년병 변호사로 그와 함께 일했다는 양영준 변호사는 "아무리 밤늦게 일을 맡겨도 그 다음날 아침 일찍 완벽하게 작성된 서류를 내놓는 것을 보고 그의 성실성과 일에 대한 열정에 여러 번 감명 받았다"며, "한 달에 300시간 이상 업무시간을 적어내는 그에게서 진정한 프로페셔널의 자세를 배웠다"고 소개했다. 맥가원은 지금 대만의 한 로펌에서 활약하고 있다.

한국 경제와 더불어 성장한 40년   3

항공기를 저당잡히다

　김앤장이 숨 가쁘게 달려온 지난 40년은 한국의 경제발전과 함께
한 경제이면사라고 할 수 있다. 시기별로 기업에 다양한 자문을 제
공하며 우리 사회의 산업화와 정보화를 적극 뒷받침했는가 하면,
기업 활동에 적합한 새로운 형태의 거래구조를 개발해 정착시키며
한국 경제의 성장에 힘을 보탰다. 물론 이 과정에서 김앤장도 전문
성을 더욱 깊게 하며 발전을 거듭했다.

　김앤장이 출범한 지 얼마 지나지 않은 1970년대 중반, 한국 경제
는 비약적인 성장을 일궈내고 있었다. 정부의 수출 장려와 중공업
육성 정책에 힘입어 국책은행은 물론 기업들이 앞다퉈 차관을 들
여왔고 선박금융, 수출금융, 건설금융 등의 분야에서 변호사들이
바빠지기 시작했다. 또 외국인 합작투자와 기술도입, 중동 진출 등
과 관련된 기업자문 분야에서도 로펌의 역할이 갈수록 증대되고
있었다.

　1980년대에 들어서자 증권 쪽의 일이 급속하게 늘어났다. 기업
들이 주식 발행을 통해 자금을 조달하고, 투신사에서는 수익증권을

발행해 직접투자가 제한된 외국인 투자자에게 판매했다. 물론 수익증권을 발행하는 일은 일일이 변호사의 손을 거쳐야 했다. 기업이 해외시장을 겨냥해 진행하는 전환사채(CB)나 신주인수권부사채(BW), 주식예탁증서(DR) 발행 등의 업무도 로펌이 맡아 관련 절차를 매끄럽게 처리했다.

이 시기 김앤장은 국내 은행과 기업들이 외국 은행 등으로부터 차관을 도입하는 업무를 많이 수행했다.

"외국 금융기관으로부터 우리나라의 외환 관련 규제에 관한 질문을 자주 받았어요. 돈을 빌려주기 전에 기본적인 사항을 점검해 보기 위한 것인데, 당신네 나라 법률은 규정이 어떠하냐, 특별한 문제는 없느냐, 그런 질문이 쏟아져 들어왔어요."

1976년 합류해 금융 관련 일을 많이 처리한 정계성 변호사는 "대여자(貸與者)인 외국 은행을 맡기도 하고 국내 기업을 대리하기도 했는데, 폭주하는 업무를 소화하느라 변호사들이 눈코 뜰 새 없이 뛰어다녔다"고 당시의 김앤장 분위기를 소개했다.

이 시기에 김앤장이 맡아 자문한 대한항공의 5억 달러 차관도입과 호남정유의 2억 달러 차관도입이 우리 기업의 대외 신인도를 높인 대표적인 케이스로 꼽힌다. 물가상승을 고려하면 지금 돈으로 각각 20억 달러, 8억 달러에 상당하는 거래로, 대한항공의 5억 달러 도입은 그때까지 민간기업이 들여온 차관 중 규모가 가장 큰 거래였다.

특히 이 두 케이스는 김앤장이 새로운 거래구조를 만들어 추진한 사례여서 더욱 주목을 끌었다. 김앤장의 변호사들도 당시의 주요 업무사례를 이야기할 때 이 두 케이스를 주저 없이 내놓는다.

수십 개의 외국 은행이 참여한 신디케이트로부터 5억 달러를 도입해 747 보잉 여객기 여러 대를 구입하는 대한항공 건의 경우 항공기에 직접 저당권을 설정해 담보로 제공하는 방식으로 차관도입을 추진했다. 호남정유 건은 공장 전체를 재단으로 만들어 담보로 제공하는 방식으로 접근했다.

신디케이트론(syndicated loan)이란 여러 은행으로 구성된 채권단 즉, 신디케이트가 공통의 조건을 정해 일정 금액을 차입자에게 융자해 주는 금융방식으로, 규모가 큰 거액의 자금을 조달할 때 사용된다. 돈을 빌리는 기업의 입장에서는 여러 은행과 차입조건 등에 대한 별도의 협상 없이 효율적으로 대규모 자금을 조달할 수 있는 반면 채권은행들은 채무불이행에 따른 위험을 신디케이트 조직에 의한 공동융자방식을 통해 분산시킬 수 있다는 이점이 있다.

그때까지만 해도 외국 은행에서 돈을 빌리려면 국내 은행의 지급보증이 필요했다. 거래구조는 간단하지만, 돈을 빌리는 기업으로서는 외국의 대주(貸主)은행에 지급하는 이자 외에 별도의 지급보증 수수료를 부담해야 해 그만큼 금융 비용이 늘어났다. 하지만 이 거래에서처럼 항공기나 공장재단을 직접 담보로 제공하고 국내 은행의 지급보증을 생략할 수 있다면, 엄청난 액수의 지급보증 수수료를 절약할 수 있어 일선 기업들이 새로운 방식의 거래에 높은 관심을 나타냈다.

정계성 변호사는 "우리가 틀을 짜고 교통부와 의논해 성사시킨 거래"라며, "새로운 거래구조를 창안해 기업에 이익을 제공한다는 자부심이 대단했다"고 이야기했다.

두 건의 거래는 새로운 거래구조를 적용해 추진했다. 서명까지 끝났다. 그러나 1979년 10월 박정희 대통령이 급서(急逝)하면서 한국의 상황을 불안하게 여긴 채권은행들이 지급보증을 다시 요구하는 바람에 새로운 방식의 차관도입은 빛을 보지 못했다. 이미 서명까지 마친 상태여서 수정계약을 통해 종래의 방식으로 차관이 들어왔다.

다행히 이후에 이루어진 비슷한 내용의 거래에선 김앤장이 처음 시도했던 대로 항공기나 공장 등을 직접 담보하는 방식으로 차관도입이 이루어졌다. 기업들이 상당한 액수의 지급보증 수수료 부담을 덜게 된 것이다.

합작투자의 표준을 만들다

　김앤장이 국내 로펌 중 선두로 올라 선 1980년대는 또 해외자본과 기술의 적극적인 유치를 통해 한국 경제가 한 단계 더 도약하는 시기였다. 김앤장은 이 시기에 현재 한국 경제의 핵심 기반이 되고 있는 자동차, 정유, 정보기술(IT) 등 주요 산업 분야의 여러 의미 있는 거래에 참여했다.

　1983년 김앤장은 한국 경제사에 기념비적 사건이 되는 합작투자 거래의 법률자문을 맡았다. 대우자동차와 미국 GM이 손을 잡고 설립한 GM대우의 설립 건이었다.

　당시 세계 최대의 자동차회사였던 GM은 세계경영전략 차원에서 자회사인 독일 오펠사가 개발한 '카데트'와 같은 모델의 차량을 한국에서도 개발하고 싶어했다. GM은 이미 50 대 50으로 합작관계에 있던 대우자동차를 한국 측 파트너로 선택했다. 신차 개발에 목말라 있던 대우자동차로서도 희소식이 아닐 수 없었다. 쌍방 간의 이해관계가 정확하게 맞아 떨어졌다.

　GM의 투자규모는 당시로선 상당한 금액인 6,000만 달러. GM

은 대우자동차와 손잡고 1986년 7월 마침내 '르망'을 탄생시켰다. 지금도 기억하는 사람이 많은 르망은 현대의 포니에 이어 국산 소형차를 대표하는 브랜드가 되었을 뿐만 아니라 '폰티액 르망'이란 GM의 상표를 달고 미국으로 수출되기까지 했다. 대우자동차는 또 르망 생산을 계기로 현대, 기아와 함께 국내 자동차 산업의 트로이카로 자리매김할 수 있었다.

GM대우의 설립은 국내 자동차부품 산업의 육성이란 점에서도 의미가 작지 않았다. 완성차 생산을 위해 엄청난 수의 외국 부품사가 한국으로 몰려들면서 자동차부품 산업이 크게 성장하는 발판이 마련됐기 때문이다. 이 거래를 주도적으로 수행한 정경택 변호사는 "한국 경제에서 자동차 산업이 차지하는 비중으로 볼 때 매우 획기적인 투자유치로 평가될 만한 거래였다"며, "중매를 서 결혼에 이른 부부가 아이를 낳는 것을 지켜보는 듯한 성취감을 느꼈다"고 뿌듯해했다.

김앤장으로선 또 GM의 합작투자에 대한 자문 수행이 사무실 발전에 큰 도움이 되었다. 국내외 기업들이 일을 맡길 변호사나 로펌을 선택할 때 GM대우 자문이 중요한 참고사항이 되었기 때문이다. 합작투자가 로펌의 주요 업무영역으로 자리 잡게 된 것도 GM대우의 합작투자 이후로 알려지고 있다. 그 이전엔 이렇다 할 합작투자도 없는 실정이었다.

정경택 변호사가 소개하는 GM이 김앤장을 고문회사로 선택할 때의 에피소드 한 토막.

"하루는 GM의 변호사가 우리를 다른 변호사 사무실로 오라고 하더니 그 사무실의 변호사와 우리를 같은 방에 앉혀 놓고 인터뷰를 했어요. 이전까지 GM 일은 그 변호사가 도맡아 하고 있었죠. 우리 쪽에선 김영무 변호사와 저, 회계사 한 명, 그리고 미국변호사 한 명이 나갔어요. 상대방 변호사 쪽에서도 몇 명의 변호사가 함께 나와 맞은편에 자리를 잡았습니다. 그렇게 두 법률사무소의 변호사들을 마주 앉혀 놓고 GM의 변호사가 양쪽에 똑같이 인터뷰를 진행하는데, 외국 회사의 변호사 고르는 방식이 참 철저하다는 생각이 들더군요."

정 변호사는 "상대방 변호사 사무실의 하늘 같은 선배님하고 함께 시험을 보게 된 셈인데, 당시 김앤장의 변호사들이 자신 있게 답변을 해 GM 측 사람들에게 깊은 인상을 주었던 것으로 기억난다"며, "결국 우리 쪽으로 일이 왔다"고 소개했다.

정 변호사는 또 "합작투자는 합작 당사자의 관심이 서로 다르고, 적용되는 법 체계도 상이한 외국과의 비즈니스 영역"이라며, "그렇기 때문에 더욱 많은 시간과 노력을 투자해야만 좋은 결과를 얻을 수 있는 독특한 분야"라고 설명했다.

IT 입국, 해외증권 발행 선도

한국이 자랑하는 정보통신 분야에서도 김앤장의 활약이 두드러졌다. 1980년대 초반 김앤장은 미국 최대의 통신회사인 AT&T와 LG가 합작해 전국에 광통신망을 까는 사업에 자문을 제공했다.

광통신은 기존의 일반 전선과 비교하면 천문학적으로 많은 정보를 처리할 수 있는 발달된 기술로, 당시 정부에서는 이 부분을 육성하려는 야심찬 계획을 가지고 있었다. 이런 배경 아래 추진된 사업이 성공적으로 마무리됨으로써 저렴한 가격으로 전화를 보급하고, 훗날 초고속 인터넷망으로 발전한 정보통신 분야의 인프라가 구축될 수 있었다. 광섬유 케이블이라는 단어 자체가 생소하던 시절에 성사된 이 합작투자 거래는 이후 한국이 정보통신 강국으로 도약하는 단초를 제공했다는 점에서 더욱 특별한 의미가 있는 거래였다.

"정말 깜짝 놀랄 아이템이었죠. 지금이야 누구나 알고 있는 상식으로 통하지만 기존의 일반 전선과 달리 천문학적으로 많은 정보량을 소화할 수 있는 신소재라는 게 그때는 상상이 잘 안 되었어요.

그걸 우리가 세계의 다른 나라와 비교해 보아도 굉장히 이른 시기에 시작한 겁니다. 그렇게 해서 전국에 광통신망이 깔리고, 그 덕분에 대한민국이 IT 강국이 될 수 있었던 것 아닙니까. 그런 사업을 앞서서 벌인 기업이나 이를 뒷받침한 정부의 선견지명은 평가받을 만하다고 생각해요."

자문을 담당했던 최동식 변호사는 "우리 사회의 주요 인프라 구축에 일조했다는 보람을 느낀 거래"라며, "김앤장으로서도 GM에 이어 AT&T를 고객으로 확보하면서 외국인 투자자 시장에서 더욱 주도적인 위치를 차지하게 되는 등 의미가 적지 않은 사안이었다"고 소개했다.

1980년대 중반 이후엔 또 한국 기업의 신용도가 높아지면서 해외증권 발행 등 국제금융 조달에 관한 자문 요청이 로펌에 쇄도했다. 이번에는 김앤장의 금융변호사들이 바쁘게 움직였다. 외국의 선진 금융기법을 국내에 소개하고 법적 구조에 대한 자문을 맡아 금융권과 기업을 지원하는 일에 발 벗고 나섰다. 당시 김앤장이 관여했던 거래 중엔 '국내 최초'라는 꼬리표가 붙은 사안이 특히 많았다. 김앤장의 변호사들이 그만큼 앞장서 활약했다.

1982~1983년 한국투자신탁과 대한투자신탁의 외국인 대상 수익증권 발행, 1986년 대우중공업과 유공의 해외전환사채 발행, 1989년 삼미특수강이 발행한 5,000만 달러 규모의 해외신주인수권부사채, 1990년 산업은행에서 발행한 3억 달러 규모의 양키본드(미국 자본시장에서 발행·판매되는 미 달러화 표시 채권), 삼성물산의 주식

예탁증서 발행 등이 모두 김앤장이 맡아서 진행한 국내 최초의, 그리고 한국 금융사에서 중요한 의미를 갖는 거래들이다.

김앤장은 이후 국내외 동시 트렌치(tranche) IPO에 이르기까지 우리 기업의 대외 신인도가 높아지며 줄지어 추진된 해외 증시 상장 등에 활발하게 자문을 제공하며 기업의 해외자금 조달에 큰 역할을 수행했다. 국내외 동시 트렌치 방식의 IPO는 국내 증시에만 상장하되 해외 투자자들도 공모과정에 직접 참여할 수 있는 발전된 기업공개 방식으로, 김앤장이 국내외 인수단을 대리한 2007년의 삼성카드 IPO때 처음 선을 보였다. 2010년 5월 김앤장이 발행사를 대리해 성사시킨 삼성생명 IPO도 이 방식으로 이루어졌다.

해외증권 발행이 러시를 이룬 1980년대 후반 로펌의 업무시스템에 일대 변화가 일어났다. 1986년 팩스가 등장한 것이다. 그때까지 사용해 온 텔렉스로는 내용이 긴 편지나 문서 초안 등을 보낼 수 없어 문서 등을 외국에 보내려면 국제화물인 DHL을 이용했다. 문서 송달 때문에 업무가 1주일 이상 늦어지곤 했는데, 팩스가 등장하면서 업무 효율이 놀라울 정도로 높아지게 된 것이다.

"팩스의 등장으로 사무실의 일 처리 속도가 놀랄 만큼 빨라졌지요. 오늘 계약서 초안을 보내고 다음날 출근해 보면 코멘트가 줄줄이 달린 답신이 들어와 있는 거예요. 우리는 특히 외국 관련 일이 많아서 팩스의 등장이 사무실 문화에 급격한 변화를 가져왔던 기억이 납니다."

금융 분야에서 활약하고 있는 허익렬 변호사는 팩스의 등장이 국제 업무를 담당하는 로펌의 업무시스템에 혁명적인 변화를 가져왔다고 말했다. 이전과는 비교가 안 되는 속도전이 벌어지게 되면서 로펌에 보다 빠른 업무 대응능력이 요구되었기 때문이다.

팩스는 또 외국의 자료나 정보를 수집하는 데에도 상당한 기여를 했다. 당시 소속 변호사의 해외유학 시스템을 가동하고 있었던 김앤장은 이후 이메일이 등장할 때까지 해외연수 중인 변호사를 통해 현지의 정보를 그때그때 확인하고 수집하는 주요 통로로 팩스를 활용했다.

일례로 1987년 삼성물산의 주식예탁증서(DR) 발행에 관여했던 이상환 변호사가 당시 하버드 로스쿨에 유학 중이던 박준 변호사에게 DR 발행과 관련한 질문사항을 잔뜩 메모해서 보내면 다음날 박 변호사가 미국의 실무례 등을 파악해서 팩스로 서울로 전송하는 식이었다. 이렇게 수집된 수많은 자료가 관련 업무 처리에 매우 유용하게 쓰였음은 물론이다.

상장회사 최초의 외국인 직접투자

1991년 김앤장이 또 한 건의 의미 있는 합작투자 거래를 수행했다. 세계 최대의 산유국인 사우디아라비아의 국영 석유회사인 사우디 아람코와 나중에 에쓰오일로 이름이 바뀐 쌍용정유의 대규모 합작투자 추진이었다.

투자 규모는 4억 달러. 두 회사는 투자계약과 함께 향후 20년간 아람코가 쌍용 측에 원유를 장기 공급한다는 계약도 체결했다. 1, 2차 오일쇼크를 겪은 후 산유국과의 전략적 제휴의 필요성을 절감하고 있던 한국이었기에 의미가 더욱 큰 거래였다.

투자의 핵심은 고부가가치 사업인 탈황시설을 만드는 데 있었다. 원유를 1차 정제하면 휘발유와 경유가 나오고, 그 다음 중유가 나오는데 중유를 다시 걸러 휘발유와 경유를 뽑아내는 2차 정제에 관한 핵심기술이 탈황시설이다. 탈황시설은 정유산업의 부가가치를 획기적으로 높일 수 있는 첨단기술이기 때문에 정유회사라면 누구나 확보하고 싶어 했다.

"아람코로서도 빠르게 성장하고 있는 아시아 시장에 기지를 확보한다는 의미가 있었습니다. 그런데 당시 한국에는 정유사가 이미 다섯 곳이나 있었기 때문에 정제시설을 하나 더 짓는 것은 의미가 없었어요. 그래서 추진했던 게 탈황시설이었습니다. 거듭된 정제를 통해 찌꺼기를 거의 없애고 다량의 정제유를 취할 수 있었기 때문에 정유사들이 미래사업으로 욕심을 낼 만한 사업이었지요."

이 합작투자 건을 수행한 정경택 변호사의 설명이다. 이 거래는 특히 상장법인에 대한 최초의 외국인 직접투자여서 법률적으로 풀어야 할 과제가 적지 않았다.

당초의 구상은 별도법인을 설립해 탈황시설을 만드는 것이었다고 한다. 그러나 지식경제부의 전신인 당시의 동력자원부에서 한 그룹에 정유회사를 두 개 둘 수 없다는 논리로 투 트랙(two track)으로 추진한 이 방안을 거부했다. 이미 정유회사가 다섯 개나 가동되고 있어 어느 한 그룹에만 두 개의 정유회사 운영을 허용할 경우 특혜시비를 불러일으킬 수도 있다고 판단한 것이다.

김앤장은 쌍용정유에 대한 직접투자로 방향을 선회, 합작을 성사시켰다. 4억 달러를 유치해 탈황시설을 확보하는 데 성공한 것이다.

산유국과 원유 소비국의 대규모 합작사례가 된 이 거래가 갖는 의미는 작지 않았다. 기름 한 방울 나지 않는 나라에서 안정적인 원유 공급원을 확보한 쾌거였기 때문이다. 아울러 2차 정제시설에서 만들어진 정유를 미국 등 외국에까지 수출하게 되었으니 탈황시설의 확보를 통해 2차적인 의미의 산유국 반열에 들었다고 해도 과장된 표현이 아닌 획기적인 거래였다. 김앤장은 이런 공로를 인정받아 1992년 정부로부터 은탑산업훈장을 받았다.

"변호사들이 거래를 반드시 성사시켜야 한다는 의무감을 갖고 임했던 기억이 지금도 생생합니다. 국가적으로 너무 중요한 사업이었거든요."

정 변호사를 도와 자문에 참여했던 박종구 변호사는 이 거래를 수행할 당시 김앤장 변호사들의 분위기를 이렇게 소개했다. 그만큼 보람과 함께 막중한 책임감을 느낀 거래였다는 것이다.

지적재산권 분야 1등

지적재산권 분야에서의 활약도 김앤장의 성장 40년을 이야기하면서 빼놓을 수 없는 대목이다. 김앤장엔 국내의 다른 어느 로펌보다도 많은 변호사와 변리사, 전문인력이 포진해 특허와 상표 등 수많은 기업의 지식재산권을 관리, 보호하고 있다. 물론 한국 경제가 세계화되는 과정에서 지적재산권 분야의 여러 기념비적인 사건을 수행하며 산업 한국의 숨은 일꾼으로 활약했다.

시기적으론 한국 경제가 어느 정도 궤도에 오른 1990년대 들어 이 분야의 이슈가 뜨겁게 달아올랐다. 기업과 경제가 발달하며, 지적재산권 분야가 새로운 영역으로 등장하기 시작한 것이다.

1980년대 후반 미국의 보험회사와 영화, 음반회사가 한국에 진출하면서 이쪽 분야의 일이 급증했다. 전에는 좀처럼 이슈화되지 않았던 영화 저작권 등을 둘러싼 분쟁이 늘어나면서 변호사들이 이 분야로 대거 이동했다. 특히 1986년 한미 간에 타결된 지적재산권 보호에 관한 협상에 이어 이듬해 관련법의 개정이 잇따르면서 관련 업무가 급속도로 늘어났다.

지적재산권 분야를 이끌고 있는 양영준 변호사의 말을 들어보자.

"1986년 이전에는 외국의 특허라든가 저작권에 대한 한국 내에서의 보호가 충분치 않았던 게 사실이죠. 다른 한편으로는 우리 기업의 경쟁력이 강해지고 해외 진출이 활발해지면서 우리의 권리를 보호받아야 할 일도 점점 더 많아지게 되었습니다. 국내외 기업 모두 지적재산권 보호에 관한 수요가 늘었다고 할까요. 그런 가운데 지적재산권 보호제도가 갖추어지면서 분쟁이 많이 일어나고, 로펌의 역할이 중요해진 겁니다."

양 변호사는 특히 "우리 기업도 보호받아야 할 권리를 많이 보유하고 있다"며, "지적재산권 분야에서 우리가 무조건 방어적일 필요는 없다"고 강조했다.

지적재산권 분야에선 1980년대까지 독보적인 위상을 구축하고 있던 중앙국제 법률사무소와 경쟁을 벌였다. 일반 기업자문과 국제법무 분야의 경우, 선발주자였던 김·장·리와 김·신·유를 따라잡으며 김앤장이 앞서 나갔다면, 특허 등 지적재산권 분야에선 중앙국제와 전선을 형성하며 하나둘 고객을 확보해 나갔다.

김앤장이 지적재산권 분야에서 중앙국제를 앞지른 것은 1990년대 중반. 기업자문의 경우와 마찬가지로 가치 있는 특허 등을 많이 보유한 국내외의 여러 기업이 잇따라 김앤장에 자문을 맡기면서 김앤장이 선두로 올라섰다.

양 변호사의 말을 다시 들어보자.

"1990년대 초까지만 해도 김앤장에서 관리하는 브랜드 가운데 크게 내세울 만한 것이 없었는데, 1990년대 중반쯤 되자 폴로를 시작으로 캘빈클라인, DKNY, 리바이스, 샤넬, 구찌, 루이비통 등 세계적으로 유명한 패션브랜드가 모두 우리를 찾아왔어요."

그는 "그동안 축적된 김앤장의 역량이 지적재산권 분야에서도 성과를 낸 결과"라며, "김앤장 변호사들의 비상한 노력이 고객 기업들로부터 인정을 받았기 때문"이라고 설명했다.

1990년대 후반이 되자 지적재산권 분쟁이 더욱 활발하게 일어났다. 상표의 경우 한국 시장의 개방이 가속화되면서 1990년대 초와는 비교가 안 될 정도로 분쟁이 늘고, 내용도 더욱 복잡하게 전개됐다. 저작권 분쟁도 급증했다. 김앤장이 1998년에 맡아 수행한 게임업체 간 저작권 분쟁이 대표적인 사례로, 이 사건은 지금도 지적재산권 분쟁의 모범사례로 관련 업계에서 자주 이야기되고 있다.

1998년 김앤장이 국내 벤처업체인 H사로부터 사건을 수임했다. H사는 스타크래프트 등 해외 유명 게임의 국내 전용사용권자였지만, 다른 경쟁업체가 병행수입을 명목으로 같은 게임을 수입해 판매하고 있어 골머리를 앓고 있었다. 김앤장은 소송을 제기하는 대신 전용사용권자의 보호요건을 내세워 무역위원회에 제소했다. 5개월 만에 유리한 결정을 이끌어냈다. 무역위원회 결정이라는 소송 전 해결을 통해 관련 분쟁을 마무리 지은 것인데, 5개월이라는 짧은 기간에 분쟁을 종결지었을 뿐만 아니라 막대한 소송비용을 절약할 수 있어 기업의 피해를 최소화했다는 의미가 컸다.

"지루한 공방이 예상되는 소송을 택했다면, 아마 소송비용은 소송비용대로 들고, 국내 업체 간 이전투구로 게임 산업의 발전에도 좋지 않은 영향을 미쳤을 겁니다. 분쟁도 해결하고, 피해를 최소화하는 쪽으로 전략적인 접근을 했다는 데 의미를 두고 싶습니다."

주도적인 역할을 수행한 한상욱 변호사는 "이 사건은 지적재산권 분쟁 해결의 의미 있는 선례가 되었다"고 강조했다.

국내 최초의 도메인 분쟁으로 유명한 1999년의 '샤넬 사건'도 김앤장의 변호사들이 새로운 솔루션을 제시하며 의미 있는 해결을 이끌어낸 중요한 케이스로 평가받고 있다.

도메인 네임 관련 분쟁이 급증하던 이 무렵 김앤장은 샤넬 도메인 네임(chanel.co.kr)을 무단 등록해 향수와 속옷 등을 판매하던 업자를 상대로 소송을 제기했다. 양영준, 한상욱 변호사 등이 나서 이러한 행위가 상표법과 부정경쟁방지법에 위반된다는 판결을 이끌어 냈다.

법원은 김앤장 측의 주장을 받아들여 "타인의 저명상표를 사용해 도메인 네임을 무단으로 등록하고 관련 상품을 판매하는 행위는 상표권 침해 및 부정경쟁행위로 보아야 한다"고 판시하고, 도메인 네임의 말소를 명하는 판결을 내렸다. 간단 명료한 법리이지만, 인터넷 도메인 네임의 무단사용을 둘러싼 분쟁해결의 선례에 해당하는 판결로, 이후 국내는 물론 아시아 각국의 비슷한 분쟁에서 자주 인용되고 있다고 한상욱 변호사가 소개했다.

이 외에도 김앤장의 지적재산권 팀은 수없이 많은 사건을 처리하며 이 분야를 선도하고 있다. 특히 국제거래가 활발해지면서 국내외 기업의 국제특허분쟁 등에서 높은 경쟁력을 발휘하고 있다.

특허법원 판사 출신으로, 김앤장의 지적재산권 분야에서 활약하고 있는 이회기 변호사는 "국내 산업의 보호를 위해서도 변호사들이 지적재산권 분야에서 높은 경쟁력을 갖추는 것이 필요하다"며, "지적재산권 분쟁 해결의 선구적인 시스템을 구축한다는 자세로 기업 등의 자문에 응하고 있다"고 말했다.

IMF 구조조정 앞장

　한국의 경제발전과 함께 김앤장도 꾸준한 성장이 이어졌다. 내부 역량도 한층 강화되었고, 김앤장은 시기별로 수요를 예측하며 법률 서비스의 영역을 확장시켜 나갔다.

　그러나 경제가 항상 좋은 시절만 있는 게 아니다. 불황도 있고 위기도 맞을 수 있다. 한국은 1997년 IMF 외환위기라는 사상 초유의 사태를 맞았다. 이번엔 김앤장의 변호사들이 구조조정의 해결사로 뛰어 들었다. 당시 국가부도까지 우려되던 우리 경제가 빠른 시간에 위기를 극복하고, 구조조정을 거쳐 또 한 번의 발전을 위한 발판을 마련하는 데 김앤장 등 국내의 여러 로펌이 기여했다는 것은 일반 시민들도 잘 알고 있다.

　김앤장은 이 기간을 전후해 국내 기업들이 경쟁적으로 시도한 외자유치와 사업매각 등 구조조정 과정에 깊숙이 관여했다.

　환율이 달러당 1,500원을 호가하던 1998년 초. 김앤장은 대상그룹의 라이신(lysine) 사업부문을 독일의 바스프(BASF)에 매각하는 거래를 맡아 바스프를 대리한 김·장·리와 함께 6억 달러의 외자 유치를 성사시켰다. 대상그룹 구조조정의 견인차가 된 이 거래는 1997년 12월 말 협상이 시작되어 1998년 3월 계약을 체결하고 5월에 대금의 일부가 들어왔을 만큼 속전속결로 진행된 게 특징이다. 환율이 빠르게 올라가고 있는 데다 대상그룹의 악성채무는 눈덩이처럼 불어나고 있어 거래의 타결이 한시가 급한 상황이었기 때문이었다. 복잡한 거래구조로 말미암아 거래의 종결이 늦어지자 양측의 변호사들이 3일간 밤을 새워가며 쉬지 않고 협상을 진행, 1998년 5월 21일 새벽 1시 최종 서명을 마친 것으로 유명하다.

"타결이 조금만 늦었어도 그룹의 앞날을 예측할 수 없는 긴박한 상황이었습니다. 미국의 투자은행인 모건 스탠리(Morgan Stanley)를 통해 매수자를 찾아 협상에 나섰는데 거래가 이토록 빨리 성공적으로 마무리 된 데는 김앤장 변호사들의 공이 컸지요."

당시 이 거래를 진두지휘한 대상그룹의 고위관계자는 거래가 마무리된 후 "투자은행도 협상을 잘 이끌었지만, 변호사들의 발 빠른 뒷받침이 있었기에 무리 없이 거래를 매듭지을 수 있었다"며, 김앤장의 역할을 높게 평가했다. 금액도 적지 않게 받았는데다 3개월이 안 걸려 거래가 타결됐기 때문이다. 대상그룹의 라이신 사업부문 매각은 IMF 위기 이후 최초의 외자유치 성공사례로 기록되어 있다.

김앤장은 또 1998년 5월 초 삼성중공업의 지게차 생산 등 건설중장비 사업부문을 볼보에 매각하는 거래를 수행했다. 이 거래에선 김앤장이 볼보를, 삼성중공업은 법무법인 충정이 대리했다. 이 거래는 유로머니 계열의 국제적인 법률잡지인 《IFLR》이 1998년도 아시아 · 태평양 지역의 M&A 거래 중 최고에 해당하는 '올해의 거래'로 뽑았을 만큼 대상그룹의 라이신 사업부문 매각과 함께 IMF 위기 당시 대표적인 기업 구조조정 사례로 평가받고 있다.

사업매각 등 M&A 거래와는 별도로 경영위기에 빠진 한계기업의 구조조정 수행도 김앤장이 앞장섰다. 변호사와 공인회계사 등으로 구성된 김앤장의 구조조정팀은 H, S, J, N 그룹 등 30대 그룹에 드는 대기업 그룹과 지방의 D, S그룹 등을 맡아 법정관리 또는 화의를 통해 구조조정을 지원했다.

특히 김대중 정부 초기 부실기업 정리의 표준방식처럼 유행했던 화의제도가 김앤장의 조대연, 정진영 변호사 팀에 의해 집중적으로 활용되었다. 이를 통해 수많은 기업이 경영위기를 넘기고 재기의 발판을 마련할 수 있었다. 대주주의 경영권을 보장하며 모든 채무의 지급을 동결시킨 가운데 구조조정을 추진할 수 있었던 화의제도는 법전에 그 근거가 마련되어 있었지만, 이때까지만 해도 거의 활용되지 않은 채 관련 조항이 사문화되어 있었다. 이를 김앤장의 구조조정팀에서 끄집어내 적극 활용하면서 부도위기에 처한 기업의 인기 있는 회생방안으로 각광받게 된 것이다. 정부는 이후 '채무자 이행 및 파산에 관한 법률'을 제정해 법정관리와 화의를 기업회생 절차로 일원화했다.

또 IMF 위기 당시 이미 자산유동화(ABS)팀을 가동하고 있었던 김앤장은 1998년 9월 '자산유동화에 관한 법률'이 제정될 때도 적지 않은 역할을 했다. 자산유동화팀을 이끌며 이 분야의 전문지식을 많이 쌓은 김용호 변호사가 정부의 자산유동화법 제정에 관여했다. 김 변호사는 당시의 경험을 바탕으로 《금융혁명 ABS》(자산유동화실무연구회, 1999)라는 실무해설서의 집필에 참여했다. 또 80여 건의 자산유동화 프로젝트를 성사시켜 외환위기를 극복하는 데 일조했다.

김앤장은 이후에도 삼성할부금융의 자동차할부채권을 유동화하기 위해 설립된 최초의 자산유동화회사인 퍼스트유동화 전문 유한회사의 설립에 자문을 제공한 것을 비롯해 신용카드사의 카드대출채권 유동화, 아시아나항공의 항공기티켓 매출채권 유동화 등을 성공적으로 수행함으로써 여러 기업의 IMF 위기 극복을 지원했다. 또 한국자산관리공사(KAMCO)의 부실채권 유동화 업무를 수행하며, IMF 위기 이후 급격히 늘어난 수많은 부실채권 처리에 적극 참여했다.

김앤장 등 로펌에 워낙 많은 일감이 쇄도하며 IMF 특수라는 말이 생기기도 했지만, 김앤장을 포함한 국내 로펌들이 그만큼 IMF 위기 극복과 구조조정의 성공에 적지 않은 기여를 했다는 것은 부인할 수 없는 사실이다.

M&A 자문 1위

　IMF 외환위기는 여러 측면에서 한국 경제에 구조적인 변화를 몰고 왔다. 특히 IMF 위기를 전후해 일선 기업들 사이에 구조조정 바람이 일며, M&A가 본격적으로 시도되기 시작했다. 우리 경제가 한층 성숙해지며 자본주의의 꽃이라고 할 수 있는 기업 간 M&A 시대로 접어들게 된 것이다.

　이후 로펌 업계에선 M&A 분야가 가장 중요한 업무분야 중 하나로 각광받고 있다. 특히 외국 기업의 국내 기업 인수와 국내 기업 사이의 M&A는 물론 얼마 전부터 우리 기업이 해외기업을 인수하는 아웃바운드(outbound) M&A가 활발하게 전개되며, M&A 시장이 더욱 뜨겁게 달아오르고 있다.

　김앤장이 발 빠르게 M&A 시장을 리드하고 있다. 이미 IMF 위기 때부터 엄청난 M&A 자문실적을 자랑해 왔으며, 최근 들어선 우리 기업의 해외기업 인수와 관련, 외국 로펌들을 지휘하며 맹활약하고 있다.

1998년 5월 8일, 김앤장의 M&A팀은 삼성중공업이 볼보에 건설 중장비 사업부문을 매각하는 계약의 서명에 참여했다. 1998년 아시아·태평양 지역에서 이루어진 최고의 M&A 거래로 뽑힌 이 거래는 시사하는 바가 적지 않다.

볼보를 대리한 김앤장은 막중한 책임감을 느끼고 거래의 성사를 위해 총력을 기울였다. 기업실사(Due Diligence)와 환경, 금융, 특허, 부동산 등 각 분야의 전문변호사 30~40명이 투입돼 주말까지 반납하는 강행군이 계속됐다. 이 업무에 투입된 변호사들은 2월에 시작해 5월에 거래를 마무리하기까지 3개월간 다른 사람은 물론 가족과의 약속도 잡아본 적이 없었을 만큼 집중적으로 이 거래의 추진에 매달렸다고 한다.

변호사들을 지휘해 이 거래를 진행했던 서울대 로스쿨의 신희택 교수는 "대표적인 다국적 기업인 볼보의 한국 투자 여부가 당시 한국의 대외신인도에 결정적인 영향을 미칠 수 있어 꼭 성사시켜야 한다는 심리적인 압박감이 매우 심했다"고 거래 당시를 떠올렸다.

협상과정에서의 고비도 적지 않았다. 워낙 규모가 큰 거래여서 법적 쟁점도 많았고, 치밀하게 따지고 조사하고 조정해야 할 절차가 하나둘이 아니었다. 김앤장의 변호사들은 상호 이해라는 측면에서 실타래를 풀어 나갔다.

"우호적 M&A의 경우 철저히 윈-윈 전략에 입각해 접근해야 합니다. 끝나고 나서도 양쪽 모두 잘된 거래라고 만족하지 않으면 그건 실패나 마찬가지이니까요."

이 건에 관여하였던 박종구 변호사의 이야기다.

거래는 성공이었다. 특히 외환위기로 어려운 상황에서 5억 달러 규모에 달하는 빅딜이 3개월 만에 원만하게 마무리되어 여러 화제를 낳았다. 김앤장은 이 거래를 성사시킨 공로를 인정받아 법률잡지 《IFLR》로부터 1998년 '아시아·태평양 지역 최우수 로펌'으로 선정되었다. 삼성중공업은 IMF 위기가 몰고 온 어려움을 극복하고, 재무구조가 건실한 기업으로 다시 태어날 수 있었다. 볼보는 또 관련 사업부문의 세계 5위에서 3위로 도약하는 성과를 거두었다.

2007년 11월 말, 김앤장은 한국 로펌 M&A사에 큰 획을 긋는 또 하나의 빅딜을 성사시켰다. 두산인프라코어와 두산엔진이 건설장비 분야의 세계적인 다국적 기업인 미국 잉거솔랜드(Ingersoll Rand)사의 밥캣(Bobcat) 등 소형 건설장비 사업부문을 49억 달러에 인수하는 거래를 수행한 것이다. 건국 이래 한국 기업이 해외 다국적 기업을 인수한 최대 규모의 거래로, 인수 금융을 통해 자금을 조달했다. 특히 전 세계 27개국에 산재해 있는 72개의 법인을 동시에 인수하고 일시에 인수대금을 지급하는 방식으로 추진된, 세계 M&A 사례에서도 유례가 없는 거래로 손꼽히고 있다.

김앤장은 특히 이 거래에서 23개의 해외 현지 로펌을 지휘해 복잡한 다국적 거래를 성공적으로 완수하는 주 자문로펌(lead counsel)의 역할을 수행했다. 한국 로펌의 자문능력이 그만큼 발전했다는 반증으로, 김앤장은 한국투자공사의 미국 메릴린치에 대한 20억 달러 투자(2008년), 두산중공업의 체코 터빈 원천기술업체인 스코다파워(Skoda Power) 인수(2009년) 등의 거래에서도 외국 로펌을 지휘해 성공적으로 거래를 마무리짓는 등 해외 M&A 거래에서 발 빠르게 앞서나가고 있다.

수많은 노하우를 축적한 김앤장은 국내 M&A 시장에서 부동의 1위 자리를 차지하고 있다. 또 2008년 일본을 제외한 아시아 · 태평양 지역 M&A 거래에서 자문실적 2위를 차지한 데 이어 2009년에는 한국 로펌 사상 최초로 아시아 · 태평양 지역 1위의 성과를 거두는 등 세계 시장으로 영역을 넓혀가고 있다.

김앤장의 성장전략

4

벤처정신과 이노베이션

약 40년 전 기업자문, 국제법무를 내걸고 출발한 김앤장은 요즈음의 기준으로 치면 일종의 벤처로펌이었다. 지금은 국내외 기업을 상대로 다양한 법률서비스를 제공하는 대형 법률회사 즉, 로펌이 재야법조계에서 주류적인 위치를 차지하고 있지만, 당시만 해도 변호사 하면 판, 검사 출신의 송무변호사가 대세였다. 연좌제나 나이 등의 이유로 임관이 어려운 몇몇 사람을 제외하면 사법시험에 합격해 곧바로 변호사로 나서는 사람은 찾아보기 힘들었다.

동창회, 종친회 등의 이름으로 '사시합격'을 알리는 플래카드가 내걸리고 마을잔치가 열렸던 그 시절, 사시합격은 조선시대의 과거급제나 마찬가지였고, 과거급제는 벼슬 즉, '나라의 녹(祿)을 먹는' 분야로 진출함을 의미했다. 변호사는 판, 검사가 되어 상당기간 재조 경력을 쌓은 다음 승진이 여의치 않거나 경제적인 동기 등 특별한 사정이 생겼을 때 시작하는 게 보통이었다.

1983년에 출간된《대한민국 영감님》에 보면, 1982년 12월 현재 서울 지역의 개업 변호사 평균연령이 58.1세라는 기록이 나온다.

김앤장이 설립된 지 약 10년이 지난 시기임에도 변호사가 젊은 법조 인재들과는 거리가 먼 직역(職域)이었다는 사실을 단적으로 말해주고 있는 것이다.

그러나 김영무 변호사는 차석이란 우수한 성적으로 사법시험에 합격했음에도 판, 검사 임관을 제쳐놓고 미국 유학을 떠나 미국변호사 자격까지 취득한 후 곧바로 기업변호사, 국제변호사의 길로 나섰다. 김앤장 이전에도 김 · 장 · 리나 김 · 신 · 유, 중앙국제 등 기업법무를 표방하고 나선 선발주자들이 있었다. 하지만 이들 법률사무소를 세운 김홍한, 김진억, 이병호 변호사는 모두 얼마간의 판사 근무를 경험한 판사 출신 변호사라는 공통점이 있었다. 또 김앤장보다 4년 늦게 출범한 한미합동법률사무소 즉, 지금의 법무법인 광장의 설립자인 이태희 변호사나 1980년대 들어 법무법인 세종을 설립한 신영무 변호사, 법무법인 태평양을 세운 김인섭 변호사, 나중에 법무법인 화우로 발전한 우방을 설립한 윤호일 변호사도 기간의 차이는 있지만 판사 근무를 거쳐 기업법무, 국제법무를 시작한 재조 출신 변호사들이다.

판, 검사를 거치고 안 거친 게 특별히 중요해서가 아니라 당시만 해도 당연한 코스처럼 여겨졌던 판, 검사 임관을 마다하고 새로운 길을 모색한 김영무 변호사와 김앤장의 벤처정신에 주목하자는 것이다.

더구나 김앤장이 큰 뜻을 품고 뛰어든 분야는 당시만 해도 무척 생소했던 기업자문 분야. 그중에서도 국제거래를 주로 취급하겠다고 했으니 탄탄대로가 보장된 기득권을 버리고 쉽게 선택할 수 있는 길은 분명 아니었다. 그럼에도 불구하고 김영무 변호사와 장수길 변호사는 모험을 선택했다. 그리고 두 사람의 생각에 공감한 젊은 인재들이 모여들면서 벤처로펌의 발전에 시동이 걸리기 시작했다.

실제로 김앤장의 40년 역사는 끊임없는 도전과 혁신(innovation)으로 이어져 왔다고 해도 과언이 아니다. 한국 대표 로펌, 아시아 최고 로펌의 성과는 다름 아닌 벤처정신의 승리인 셈이다.

사법연수원 출신 변호사를 채용해 기업자문 분야의 전문변호사로 키워내는 인재양성 프로그램을 시작으로 해외연수, 전문화, 팀플레이 등 그동안 김앤장이 시도한 로펌 운영의 메커니즘은 당시의 법조계 현실에서 보면 혁신에 가까운 내용들이었다. 물론 로펌 업계 최초의 시도였고, 김앤장의 도전이 성공을 거두면서 지금은 거의 모든 로펌이 채택하고 있는 로펌 업계의 표준이 되었다.

무엇보다도 최초의 어소시에이트인 정계성 변호사를 시작으로 새로운 인재를 꾸준히 발굴해 키워낸 것이 이노베이션의 첫 번째 내용이다. 당시만 해도 대부분의 변호사 사무실은 변호사 단독으로, 아니면 조수 역할을 하는 고용변호사 한두 사람을 데리고 사무실을 운영하는 1인 성주(城主)식의 운영을 벗어나지 못했다. 판, 검사 출신의 송무변호사는 물론 기업법무, 국제법무를 취급하는 국제변호사 사무실도 크게 다르지 않았다.

김앤장은 그러나 인적 결합을 중시하는 로펌의 특성을 꿰뚫어 보고 장기적인 비전 아래 후배들을 영입해 전문가로 키워내는 과감한 투자에 나섰다. 이렇게 획득된 신자원(新資源) 즉, 신참 변호사는 현장에서의 업무 습득 후 해외연수 등을 통해 더 높은 부가가치를 생산하는 핵심인재로 한 번 더 혁신되었고, 법률서비스의 끊임없는 혁신으로 나타났다. 이어 이들 인재들을 통한 전문화와 팀플레이가 가능해지면서 김앤장의 초고속 성장에 본격 시동이 걸린 것이다.

"김영무 변호사는 처음부터 영미식 로펌을 머릿속에 그리고 있었 어요. 로펌이란 결국 사람이 움직이는 조직이라는 사실을 잘 알고 있었죠."

창업 파트너인 장수길 변호사는 "김 변호사는 자신보다 더 나은 후배가 와야 사무실이 발전한다는 확고한 믿음을 가지고 있었다"며, "무엇보다도 우수한 인재를 뽑아 키워낸 것이 발전의 원동력이 되었다"고 설명했다.

"새롭고 창의적인 아이디어는 아무래도 젊은 사람 몫이잖아요. 젊은 인재들의 열정에서 이노베이션의 단초가 될 아이디어가 나오 면 선배들이 그것을 안정적이고 생산적인 방향으로 이끌어 주었지 요. 그 과정에서 쌓인 선후배 간의 신뢰는 이노베이션을 지속적으 로 가능하게 하는 동력으로 작용했고요."

김앤장에서 사법연수원 출신 1세대 변호사로 활동했던 신희택 서 울대 교수도 "젊은 인재를 과감하게 등용한 이노베이션이 초창기의 급성장을 이끌어내고 오늘의 김앤장을 있게 한 핵심 요소 중 하나"라며, "신진 인재의 리쿠르트 시스템 도입은 성공적이었다"고 평가 했다.

판, 검사 등 재조 출신 변호사들과는 대조적으로 'ㅇㅇ년 김앤장

입사 와 해외연수 정도가 경력의 전부인 이들 연수원 출신 변호사들은 그 후 여러 전문분야의 리더로 성장해 활약하고 있다. 로펌 업계에서도 알아주는 김앤장의 간판스타들은 대다수가 사법연수원을 수료하고 곧바로 김앤장에 입사한 초기 리쿠르트의 주인공들이다.

해외연수 프로그램

　김앤장의 인재제일주의 철학이 두드러지게 나타나고 있는 제도 중 하나가 로펌 업계 최초로 도입해 운영하고 있는 소속 변호사의 해외연수제도다. 이 제도 역시 지금은 많은 로펌에서 비슷한 내용으로 운영하고 있지만, 김앤장이 도입할 당시만 해도 획기적인 시도였다.

　김앤장의 설립자들은 젊은 변호사들을 리쿠르트하면서 해외연수를 약속했다. 해외유학이 지금처럼 흔치 않던 시절, 해외연수 약속은 귀가 솔깃해지는 제안이었다. 하지만 막상 김앤장에 입사해 변호사 일을 하다 보면 해외연수 같은 것은 엄두를 낼 상황이 아니었다고 한다. 워낙 바빴기 때문이다.

　김앤장은 그러나 리쿠르트 때 한 약속을 지켰다. 더 멀리 내다보고 장기적인 안목으로 젊은 변호사들을 해외에 내보냈다.

　그때만 해도 국제 관련 업무를 수행하기 위해서는 해외유학부터 먼저 다녀와야 하는 것으로 인식돼 있었다. 실제로 그 당시 기업 또는 국제 관련 사건을 취급하는 변호사의 대부분이 유학을 다녀온 유학파들이었다.

　김앤장은 그러나 해외유학 경험자를 채용하는 대신 열정으로 가득 찬 젊은 변호사들을 데려다가 실무를 가르치고, 외국으로 유학을 보내 국제 감각을 익히도록 하는 '선실무 후유학(先實務 後留學)'의 정반대 시스템을 가동했다.

　신입 변호사를 곧바로 해외연수에 나서게 한 것은 아니었다. 입사 후 4, 5년 정도 선배들 밑에서 실무경험을 쌓게 한 다음 여기에 유학 경험만 더 보태면 특정 분야의 전문변호사로 이름을 내걸어도 손색이 없을 만한 시점에 해외연수를 떠나도록 했다.

　보통 4년 정도 실무경험을 쌓다 보면 로펌의 변호사 업무에 대한 전체적인 그림이 머릿속에 그려지고, 전문분야에 대한 보다 깊이 있는 접근도 가능해진다고 김앤장에서 리쿠르트 관련 업무를 담당하고 있는 조성진 변호사가 설명했다. 업무 전문성의 심화와 함께 조직 내 역할에 대한 개개인의 설계가 명확해지면서 로펌 변호사로서의 정체성도 확고하게 갖추게 돼 해외연수의 효과를 극대화할 수 있는 시기라는 것이다.

　해외연수 프로그램은 연수 중인 변호사가 본국의 사무실에서 필요로 하는 현지 정보를 수집해 조달하는 등 김앤장으로서도 이익이 적지 않았다. 또 해외연수를 위해 빠진 선배들의 공백을 후배들이 메워가며 업무 일선에 나설 수 있어 후배들의 교육을 위해서도 좋은 기회가 되었다. 현업 4년 종사 후의 해외연수 프로그램 운영은 여러모로 투자 대비 효율성이 높은 다목적의 프로그램인 셈이다.

그럼에도 불구하고 1980년대 초반 한국 법조계의 현실에서 로펌이 소속 변호사에 대한 해외연수 프로그램을 지속적으로 운영한다는 것은 모험에 가까운 투자였다. 보통 1~2년이 소요되는 학비와 체재비, 급여는 물론 해당 변호사가 사무실에서 업무를 수행하며 거둘 수 있는 수익 즉, 기회비용까지 계산하면 엄청난 비용이 요구되는 플랜이었기 때문이다.

이런 사정을 잘 아는 변호사들인지라 비록 김앤장에 들어올 때 해외연수를 약속받았더라도 실현 가능성에 대해서는 반신반의하는 분위기가 없지 않았다고 한다.

"제가 들어올 때 김영무, 장수길 변호사 두 분이 그렇게 말씀은 하셨지요. 하지만 워낙 일이 많고 정신없이 돌아가는 상황이다 보니 현실적으로 거의 불가능해 보였어요. 그러던 어느 날 '가서 공부하고 와라, 그래야 일을 더 잘할 수 있다.' 이러시는 겁니다. 정말 놀랐습니다. 약속을 했으니까 기대하는 마음이 아주 없지는 않았지만, 이 바쁜 와중에 설마 했었거든요. 더구나 그때는 지금처럼 인원이 많지도 않았던 때였죠."

해외연수 1호인 정계성 변호사의 회고다.

양영준 변호사도 해외로 떠나는 당일까지 업무와 관련된 회의에 참석한 후 곧바로 공항으로 달려갔을 정도로 사무실 사정이 빡빡한 상황에서 유학을 떠났다고 했다. 공항에서 전화로 부모님께 출국인사를 할 수밖에 없었다고 하니 창업자들의 초심(初心)이 사무실의 바쁜 업무 앞에 흔들렸다면 쉽게 떠날 수 없었던 유학길이었다.

1982년 정계성 변호사를 시작으로 2010년 현재 300명이 넘는 변호사가 김앤장 소속으로 해외연수를 마쳤거나 연수 중에 있다. 가장 선호되는 해외연수 대상지는 미국. 명문 로스쿨과 선진 로펌, 영어를 익힐 수 있는 기회, 다국적 기업을 비롯해 주변에 널린 두터운 고객층 등 연수에 바람직한 조건을 두루 갖춘 곳이 미국이기 때문이다. 김앤장의 변호사들은 하버드, 예일, 스탠퍼드 등 유명 로스쿨에서 법학석사 과정에 적을 두거나 방문연구원 자격으로 교육과정을 이수한 후 현지의 로펌 등에서 일정 기간 실무를 익힌 후 귀국하고 있다. 최근에는 영국과 일본, 독일, 중국 등으로 해외연수 대상지가 다변화되고 있는데, 교육과 실무연수로 짜인 큰 틀은 미국 연수와 크게 다르지 않다.

해외연수에 나선 변호사들은 상당수가 미국변호사 자격을 취득해 돌아오고 있다. 변호사들의 약력을 보면, 대한민국, 뉴욕주 등 변호사 자격을 취득한 지역과 연도가 병기되는 경우가 많은데 외국에서의 변호사 자격 취득은 대개 연수기간 중에 이루어지는 경우가 많다. 또 공부를 좀 더 하기 위해 박사과정에 진학하는 변호사도 적지 않다. 김앤장 입사 후 3년만인 1983년 예일대 로스쿨로 해외연수를 떠나 LL.M.에 이어 법학박사(Juris Scientiae Doctor, J.S.D.) 학위를 취득한 서울대 신희택 교수가 대표적인 경우다.

외국의 판례와 논문 등을 쉽게 접할 수 있고, 외국변호사와 함께 세미나 등에 참가해 다양한 형태의 교류를 할 수 있는 해외연수제도는 여러 측면에서 유익한 기회가 되었다. 무엇보다도 국제거래

업무를 수행하는 데 필수적인 외국어 실력과 국제감각을 기르는 데 큰 도움이 되었다는 것이 해외연수를 다녀온 변호사들의 한결같은 전언이다.

1991년 조지타운대 로스쿨로 연수를 떠나 LL.M.을 한 데 이어 브뤼셀에 있는 De Bandt, van Hecke&Lagae 법률사무소에서 실무를 익히고 돌아 온 김경태 변호사는 "영어에 자신감을 얻게 된 것은 결국 유학을 통해서"라고 유학 당시를 떠올렸다. 부동산, 기업 M&A 분야 등에서 활약하고 있는 김 변호사는 유학시절 미 변호사 시험에 합격해 뉴욕주 변호사 자격도 갖추고 있다.

또 연수기간 동안 외국의 법조인과 네트워크를 구축할 수 있고, 선진 법률지식은 물론 현지 로펌 업계의 동향과 새로운 트렌드까지 익힐 수 있는 것도 해외연수의 큰 이점이라고 여러 변호사가 이야기했다.

모험에 가까워 보였던 김앤장의 과감한 투자는 소속 변호사를 최고의 전문가로 거듭나게 하는 밑거름이 되었다. 또 리쿠르트 당시의 약속을 지킴으로써 우수한 인재들이 판, 검사 임용 대신 김앤장을 선택하게 하는 유력한 인센티브로 작용했다.

1980년대 중반 하버드 로스쿨로 연수를 다녀온 정경택 변호사는 "유럽과 아시아 각국에서 공부하러 온 변호사가 많았지만, 소속 사무소의 지원으로 유학 온 경우는 일본 로펌과 김앤장밖에 없었다"며, "당시 일본과 우리의 격차를 생각해 보면 정말 과감한 투자였다"고 말했다.

1990년대 초, 일본 4대 로펌의 하나인 Nagashima Ohno& Tsunematsu의 설립자 중 한 사람인 나가시마 변호사가 김앤장을 방문한 적이 있었다. 업무시스템과 함께 신입 변호사의 훈련과 해외연수제도 운영 등 김앤장의 교육 프로그램을 확인한 그는 "이젠 우리가 김앤장을 벤치마킹해야 될 때"라고 김앤장의 빠른 발전에 놀라워했다. 일본보다 법률사무소 시작은 늦었지만, 해외연수 프로그램 운영 등 인재양성을 위한 지속적인 투자를 통해 김앤장이 일본을 따돌릴 수 있었음은 물론이다.

김앤장의 해외연수 프로그램은 사법연수원 출신 변호사의 영입과 마찬가지로 다른 로펌으로 확산되고 있다. 지금은 대부분의 로펌에서 비슷한 제도를 운영하고 있으며, 변호사들이 외국 로스쿨로 유학을 떠나 현지 로펌에서 6개월 또는 1년 정도 실무를 익히고 돌아오는 게 한국 로펌 업계의 하나의 공식으로 굳어졌다.

법률서비스의 국산화

　잘 알려져 있다시피 김앤장은 설립 초창기부터 영미식의 본격적인 로펌을 지향했다. 하지만 국제금융업계 등 외국에서 볼 때 김앤장은 아직 한국의 신생 법률사무소에 불과했다. 한국의 경제규모나 기업의 대외신인도 등이 낮았던 당시 국제금융계의 큰손들은 토종 로펌인 김앤장의 주도적인 역할을 허락하지 않았다. 김앤장은 법률서비스의 국산화에 업무의 우선순위를 두고 이의 실현에 박차를 가했다.

　1980년대 중동 건설 관련 차관도입 업무를 많이 맡아서 수행한 신희택 교수의 이야기를 들어 보자.

　"1980년대는 한국 경제가 처음으로 마이너스 성장을 기록했던 시기였지만 다행히 중동 건설 관련 일이 많았어요. 건설회사의 중동 진출과 관련된 자문업무가 차관계약으로 연결되었지요. 그런데 당시에 우리가 한 일이란 게 주로 기업을 대리해서 의견서를 작성하는 것이었습니다. 외국의 채권자가 차관을 들여오는 한국의 기업에게 의견서를 써 오라고 하면 채권자가 제시한 문안을 영어로 작성해주는 역할을 했어요. 거기서부터 출발해서 하나하나 배워가기 시작했던 거죠."

반면 비중 있는 역할은 홍콩에 있던 영미 로펌의 차지였다. 차관을 도입하는 우리 기업들은 채권자 측의 요구로 홍콩의 영미 로펌에 자문을 의뢰하고, 그 비용까지 전부 부담해야 했다. 문제는 영미 로펌이 청구하는 자문료가 엄청나게 고액이었다는 점이다.

"부가가치가 그쪽으로 몽땅 떨어져 나가는 것이었으니 안타깝기도 하고, 자존심도 많이 상했지요. 정신 바짝 차려서 우리의 역할을 늘리자, 우리 몫을 제대로 찾자, 이렇게 다짐하고 전력을 기울였던 기억이 납니다."

신 교수에 따르면, 김앤장은 보다 적극적으로 업무에 가담해 차관을 도입하는 국내 기업의 법률비용은 낮추고, 한국의 변호사에게 돌아가는 몫은 커지도록 하는 방향으로 실무를 발전시켰다. 국제거래에 수반되는 법률서비스의 국산화에 주력하면서 궁극적으로 한국 법률시장의 파이를 키우고 나선 것이다. 한국 법률시장의 파이를 키우려는 이런 노력은 국내 로펌의 존재감을 국제적으로 부각시켰을 뿐만 아니라 한국의 다른 법률사무소에도 이익이 되는 고무적인 결과로 나타났다.

이 무렵 국내에 있는 외국 금융기관이 국내 기업에게 외화를 빌려주는 외화대출에 관련된 계약서류를 국산화한 것도 큰 수확이었다.

1980년대 초반까지만 해도 외화대출에 관련된 계약서류는 거의 홍콩의 영미 로펌에서 만든 것이 통용되었다. 예를 들어 씨티은행 서울지점에서 한국의 기업에 외화를 빌려주는 경우에도 모든 문서를 홍콩의 영미 로펌에서 만들어 가져왔기 때문에 영미 로펌에 지급하는 자문료가 만만치 않았다. 그러던 것을 1980년대 중반 김앤장이 관련 계약서류의 양식을 처음으로 국산화하면서 국내 로펌업계에 일대 혁신을 불러일으켰다. 그때 이후 김앤장이 개발한 각종 계약서류가 표준으로 통용되고 있다.

이 외에도 거의 모든 분야에서 비슷한 노력이 이어졌다. 기업법무, 국제법무의 실무가 많이 축적되지 않았던 터라 여러 분야에서 법률서비스를 개척하며 틀을 새로 짜 나가야 했기 때문이다.

정병석, 이진홍 변호사가 이끌고 있는 해상 분야도 이런 과정을 거쳐 탄탄한 기반을 구축한 대표적인 분야로 손꼽힌다. 삼면이 바다로 둘러싸인 우리나라는 옛날부터 조선과 해운업이 발달했지만 해상사고 또한 적지 않게 일어나고 있다. 특히 1990년대 중반까지만 해도 남해안에 안개가 많이 끼는 6월과 태풍이 도래하는 8월 말~9월 여러 지역에서 동시다발적으로 선박충돌, 좌초, 해상오염 등의 해난사고가 빈발했다. 또 외국선박에 취업해 승선하고 있는 우리 선원이 약 2만 명에 이를 만큼 선원 관련 분쟁이 많았다.

그러나 해상사고가 났을 때 선박소유자와 이들이 가입한 선주상호보험조합인 P&I 클럽(Protection&Indemnity Club)에 자문하고, 사안을 종합적으로 처리할 수 있는 한국변호사는 이 당시만 해도 거의 전무한 실정이었다. 사법연수원을 마치고 1980년 김앤장에 합류한 정병석 변호사에 따르면, 당시만 해도 해상사고가 나면 일본

변호사나 홍콩에 주재하고 있는 영국변호사가 한국에 와서 필요한 조사를 하며 일을 처리했다고 한다.

한국의 변호사들은 단편적으로 해상운송 과정에서 발생한 화물 손상 사고에 대해 적하보험자를 대리해 구상사건을 처리하는 수준 이었다. 선원 관련 분쟁도 영국변호사의 자문을 받아 P&I 클럽의 한국 대리점에서 처리하는 게 대부분이었다. 한국변호사들은 소송 이 제기되어야 비로소 관여하기 시작했으나, 영어로 된 문서를 해 독하고 특수한 계약의 하나인 선원근로계약을 이해하는 데 어려움 이 없지 않았다.

정 변호사가 주축이 돼 김앤장의 해상 분야를 본격 개척했다. 장 수길 변호사와 정병석 변호사가 P&I 클럽이 1심에서 패소한 사건 을 항소심에서 맡아 승소판결을 받아낸 사실이 영국의 많은 P&I 클 럽들 사이에 알려지며 김앤장에 해상사건이 본격 의뢰되기 시작했 다. 정 변호사는 "소송 경과와 한국의 소송절차를 텔렉스를 이용해 영어로 신속하게 보고해 항소심에서 승소한 P&I 클럽으로부터 신 망을 얻은 기억이 난다"고 말했다.

그러나 김앤장이 외국의 선주나 P&I 클럽으로부터 직접, 단독으 로 사건을 위임받기까지는 2년여의 과도기가 더 필요했다. 김앤장 의 열정과 업무 능력은 인정하면서도 김앤장에 단독으로 일을 맡기 기에는 아직 해상사건 처리의 경험이 일천하다고 생각했는지 영국 변호사를 함께 선임해 영국변호사에게 후견 역할을 맡겼다.

정 변호사는 "1983년부터 김앤장을 단독으로 선임하거나 외국의 해상 전문 변호사를 함께 선임하더라도 김앤장이 주(主)가 되고 외국변호사가 해당 외국법을 자문하는 보조적인 역할을 하는 것으로 역할분담이 변화하기 시작했다"며, "물론 김앤장 변호사들의 치열한 노력을 통해 관련 서비스를 국산화한 결과"라고 설명했다.

외국자금의 조달을 위한 국내 대기업 등의 증권발행이 활기를 띠기 시작한 것도 이 무렵이었다. 김앤장은 외국의 선진 금융기법을 도입하면서 이 분야의 자문업무 또한 국내 로펌의 업무영역으로 만들었다. 또 다른 차원의 국산화에 성공한 것이다.

1982~1983년 한국투자신탁과 대한투자신탁의 외국인 대상 수익증권 발행 등이 김앤장이 참여해 성사시킨 대표적인 사례로 꼽힌다. 김앤장은 또 1986년 대우중공업과 유공의 해외전환사채 발행에 관여했으며, 1989년 삼미특수강이 발행한 5,000만 달러 규모의 해외신주인수권부사채, 1990년 산업은행에서 발행한 3억 달러 규모의 양키본드, 삼성물산의 주식예탁증서 발행 등 한국 금융사에서 중요한 의미를 갖는 증권발행 업무를 잇달아 수행하며 외국자금의 조달에 앞장섰다. 이를 통해 지금은 관련 업무가 정형화되었을 만큼 한국형 금융기법의 모색과 정착에 기여했다.

김앤장은 이런 경험을 살려 〈신주인수권부사채의 해외발행〉, 〈전환사채의 해외발행〉, 〈주식예탁증서의 발행〉 등 각종 지침서를 발간한 데 이어 이들 지침서를 종합한 《해외증권발행의 법과 실무》(1989)라는 제목의 책을 펴내기도 했다.

전문화와 대형화

2012년 현재 김앤장엔 약 600명의 국내외 변호사를 포함해 800명이 넘는 전문인력이 활약하고 있다. 이들이 분장하고 있는 전문분야만 해도 세부 분야까지 들어가지 않더라도 50개 분야가 넘는다. 김앤장의 홈페이지(www.kimchang.com)에 접속해 보자. 어떤 사건이 들어와도 해당 분야의 전문가로 팀을 꾸려 최고 수준의 법률서비스를 제공할 수 있는 분업화된 시스템을 안내하고 있다. 김앤장이 출범 당시부터 기울여 온 전문화 추구가 거둔 성과로, 고도로 분화된 높은 수준의 전문화에 김앤장의 경쟁력이 압축돼 있다.

하지만 김앤장이 출범하던 1970년대 초만 하더라도 한국의 변호사업계에 전문화라는 개념은 존재하지 않았다. 국제 업무를 다루는 몇몇 법률사무소에서 소송 업무를 다루는 많은 법률사무소에 비해 다소 전문성을 표방하고 있었지만, 이들 사무소 역시 내부의 업무 시스템은 본격적인 전문화와는 거리가 있었다.

지금은 전문화가 대형 로펌뿐만 아니라 거의 모든 법률사무소의 과제로 인식되고 있다. 그러나 당시에는 전문화로 나아갈수록 오히려 변호사 개개인의 성장가능성이 줄어든다고 보는 인식도 없지 않았다. 오히려 변호사라면 모든 법률 분야에 고르게 익숙해야 경쟁력을 유지할 수 있다는 생각이 팽배하던 시기였다. 개인변호사 사무실에서 이것저것 가리지 않고 거의 모든 분야의 사건을 담당하던 당시 변호사업계의 실정에서 보면 어쩌면 당연한 생각이었는지도 모른다.

게다가 지금과는 비교 자체가 불가능할 정도로 규모가 작았던 한국의 경제상황을 감안하면, 전문분야에 대한 법률수요가 뚜렷하게 존재하지도 않았다. 뭔가 희미하게 가능성이 보였지만 앞날을 확신하기는 어려웠다.

김앤장은 이런 생각을 과감하게 떨쳐 버리고 일찍부터 전문화를 추구했다. 설립 초기부터 사법연수원 출신 변호사들을 대상으로 적극 시도한 리쿠르트 노력도 바로 전문화에 핵심을 두고 있었다.

"현실만 보면 할 수 없었을, 어찌 보면 상식에 반하는 무모한 시도였다고 할 수 있죠. 전문화를 해야 할 만큼 일감이 영역별로 나뉘어 있었던 것도 아니니까요. 말하자면 꿈을 꾸는 사람이라야 비로소 손을 내밀 수 있는 그런 목표였던 겁니다."

정경택 변호사의 설명이 이어졌다.

"당연히 위험부담이 따랐죠. 그럼에도 전문화를 위해 지속적으로 투자를 할 수 있었던 것은 길게 보면 그렇게 가야 한다는 공감대가 사무실 내에 형성되어 있었기 때문입니다. 선후배를 포함한 구성원

들 사이에 깊은 신뢰가 있었기에 당장의 손실을 감수하고 전문화를 시도할 수 있었다고 봐야죠."

정 변호사는 또 "선배들이 앞날을 설계하면 후배들이 믿고 따랐던 초창기의 문화가 긴 시간이 소요되는 전문화를 밀어붙이는 힘이 되었다"고 덧붙였다.

매년 서너 명의 사법연수원 출신 변호사를 뽑아 인력 풀(pool)을 키워가던 김앤장의 전문화가 가속화된 것은 1980년대 중반부터. 이 무렵 로펌이 주로 맡아 처리하는 기업자문 업무가 늘어나며 전문화에 대한 요구도 한층 높아졌다. 경제가 성장하고, 기업 활동이 다양해지면 더욱 전문적인 법률서비스를 요구하게 될 것이라는 예측이 현실화되면서 김앤장의 노력이 빛을 발하기 시작한 것이다.

김앤장은 또 전문화를 추구하면서 자연스럽게 대형화의 길을 걷게 됐다. 일단 변호사가 많아야 분야를 더 세분화해 깊이 있게 전문화를 추진할 수 있기 때문이다. 대형화는 전문화의 자연스러운 결과물인 동시에 전문화의 전제조건이라고 할 수 있다. 대형화와 전문화는 떼려야 뗄 수 없는 동전의 양면과 같은 관계에 있다.

설립 초기부터 지속적인 인재영입을 통해 계단을 하나씩 밟아 오르듯 영역별로 전문화를 추구해 온 김앤장은 규모가 몰라보게 커졌다. 1980년대 초반 20명이던 국내 변호사가 1980년대 후반 50여 명으로 늘어났다. 여기에 외국변호사와 회계사, 변리사 등을 합치면 전문인력만 100여 명을 헤아릴 만큼 사무실의 규모가 확대됐다. 한마디로 전문화가 전제된 대형화를 통해 꾸준한 성장이 이어지며 한국 최고의 경쟁력을 갖춰가게 된 셈이다.

전문화와 대형화는 또 로펌의 경쟁력을 평가하는 중요 기준으로 자주 얘기된다. 로펌의 주된 고객인 기업이 겪는 법률문제가 매우 복잡하고, 여러 분야에 걸친 다양한 쟁점을 동시에 포함하고 있는 경우가 많기 때문이다.

예를 들어 개인의 경우에는 형사 사건이 발생하면 형사 전문 변호사 가운데 유능한 사람을 찾아 부탁하면 되지만, 큰 기업의 임직원이 업무와 관련해 형사 사건에 연루되었다면 상황이 달라질 수 있다. 형사 문제 외에도 세금이나 회계상의 이슈, 행정관청의 제재, 대(對) 소비자 관계 등 따져보아야 할 법률적 쟁점이 하나둘이 아니기 때문이다.

기업 입장에선 해당 각 분야에 대한 전문성을 갖추고 있으면서 협동작업에 의해 종합적이고 체계적인 법률서비스를 제공할 수 있는 로펌을 찾게 마련이다. 분야별로 높은 수준의 전문화가 이루어진 로펌이 선호될 수밖에 없는 것이다. 따라서 로펌이 이러한 수요에 대응하려면 각 분야에 걸쳐 전문적인 지식과 경험을 보유한 변호사를 다수 확보하고 있어야 한다. 또 그들이 조직적이고 체계적으로 협력해 저마다의 전문역량을 최대한 발휘할 수 있는 물적 토대도 갖추어야 한다. 김앤장은 이 점에서도 국내의 다른 어느 로펌보다도 전문화와 대형화가 발달해 있다.

원스톱 토털 서비스와 팀플레이

전문화와 대형화 전략이 대부분의 로펌이 지향하는 경영방침이라면, 원스톱 토털 서비스(One Stop Total Service)와 팀플레이는 로펌이 추구하는 법률서비스의 목표이고, 그것을 가능하게 하는 내부 시스템이라고 할 수 있다. 규모가 확보된 가운데 전문화가 진전되었다고 할지라도 원스톱 서비스를 매끄럽게 제공할 수 있는 팀플레이가 원활하게 돌아가지 못하면 고객 기업의 요구에 부응하는 로펌의 대응능력은 크게 떨어질 수밖에 없을 것이다.

김앤장은 팀플레이 방식 또한 국내 로펌 업계 최초로 도입하고 정착시켰다. 팀플레이가 변호사 등 김앤장의 전문인력이 갖추고 있는 모든 역량을 집결시켜 산술적 총합 이상의 높은 경쟁력을 발휘하게 하는 중요한 요소이기 때문이다. 이재후 대표변호사를 비롯한 김앤장의 시니어 변호사들은 기회 있을 때마다 인화와 팀워크를 김앤장의 강점으로 내세우고 있다.

김앤장은 또 신입 변호사를 뽑을 때 성적 못지않게 모나지 않는 성격과 친화력, 적극성, 표현력 등을 중요하게 평가한다고 강조한다. 다른 말로 표현하면, 원활한 팀플레이에 기여할 수 있는 자질을 집중적으로 검증하고 있다는 것이다.

김앤장의 팀 구성은 사건의 내용과 규모에 따라 천차만별로 이루어지고 있다. 통상적인 국제거래 사건은 외국 유학을 마친 7~8년차 이상의 중견 변호사와 아직 유학을 다녀오지 않은 5~6년차 미만의 주니어 변호사, 그리고 외국변호사 등이 팀을 이뤄 함께 업무를 수행한다. 조금 규모가 큰 사건이면 20~30명의 변호사가 한 팀이 되어 움직이는 경우도 있다. 여기에 세무, 회계 등에 정통한 공인회계사와 지적재산권 업무에 능통한 변리사가 가세하는 등 업무의 성격에 따라 그때그때 참여하는 전문가의 범위가 달라진다.

일단 팀이 구성되면 경험이 많은 선배 변호사가 업무를 총괄해 지휘한다. 사건의 핵심을 짚어가며 업무의 흐름을 전체적으로 조율하고, 진행 방향을 결정하는 것이 선배 변호사의 몫이다. 반면 관련 법령을 조사하고, 국내외 사례를 찾아 꼼꼼하게 분석하는 일은 후배 변호사가 주로 담당한다.

그러나 선배 변호사가 일의 진행과정에 필요한 여러 결정을 단독으로 내리는 것은 아니라고 금융 분야가 전문인 고창현 변호사가 지적했다. 팀을 구성하는 전문가들이 각자 맡은 분야에 대한 철저한 조사와 분석결과를 토대로 활발한 상호 토론을 거쳐 결론을 도출한다는 것이다.

"아무리 선배 변호사의 주장이라고 할지라도 논리적 허점이 보이면 후배 변호사들이 그것을 그대로 넘기지 않는 곳이 김앤장입니다."

고창현 변호사는 "바로 이런 과정에서 김앤장의 저력이 나오는 것"이라며, "허점이 드러나자마자 곧바로 치열한 논쟁이 시작되고, 이를 통해 아무리 복잡하고 난해한 사건이라도 실마리를 찾아 해결책을 모색하게 된다"고 강조했다. 그는 이어 "팀플레이는 철저한 토론을 거쳐 결론을 도출해 내므로 불필요한 시행착오를 사전에 방지하는 효과도 기대할 수 있다"고 덧붙였다.

김앤장이 1980~1990년대 자동차, 통신, 에너지 분야 등 한국 경제의 주요 인프라 구축에 효과적으로 기여한 것도 이러한 팀플레이 시스템을 갖췄기에 가능했다. 장수길 변호사는 "당시 그런 대형 프로젝트를 맡아 처리할 수 있는 로펌은 김앤장밖에 없었다"며, "워낙 사안이 복잡하고, 챙겨야 할 관련 논점이 많은 대규모 거래여서 전문성을 갖춘 여러 변호사가 팀을 이뤄 참여하는 발달된 시스템을 갖추고 있지 않으면 수행 자체가 쉽지 않았다"고 설명했다.

"그 분야 최고의 전문가가 있어야 하고, 또 그들 개개인이 가진 역량을 조직화해 낼 수 있는 팀워크가 뒷받침되지 않으면 감당할 수 없는 프로젝트가 있어요. 그걸 하기 위해 우리는 30년 넘게 준비하고 경험을 쌓아온 겁니다. 김앤장의 오늘은 하루아침에 이루어진 게 아니에요. 후배를 뽑고 회계사와 변리사를 적절한 시기에 충원하는 등 그런 수요를 감당하기 위해 미리미리 준비해 온 결과이지요."

합작투자 등 M&A 거래를 많이 지휘하고 있는 정경택 변호사는 "M&A 거래 등에선 팀워크가 특히 중요하다"며, 이같이 강조했다.

대규모의 전문인력을 운용하는 김앤장이 직제나 위계 등의 명확한 구분 없이 원활하게 굴러가는 것도 출범 당시부터 팀플레이를 도입하고 발전시켜 온 공력(功力)이 뒷받침된 때문으로 평가되고 있다. M&A와 환경 분야에서 활약하고 있는 박상열 변호사는 김앤장의 강점을 다음과 같이 표현했다.

"각자의 전문성과 경험, 시스템이 맞물려 유연하게 작동되는 것을 최대 장점으로 꼽고 싶습니다. 김앤장은 팀이 고정되어 있지 않고 각 프로젝트에 맞춰 그때그때 팀을 구성합니다. 각 팀의 구성원이 고정되어 있으면 사무실 내의 인력을 충분히 활용하지 못하는 경우가 발생하겠죠. 하지만 우리는 프로젝트에 맞춰 움직이기 때문에 교통정리가 원활하게 이루어지고 있습니다."

팀 구성에 있어서의 유연성을 강조한 말인데, 그만큼 뛰어난 능력의 전문가가 두텁게 포진하고 있기 때문에 가능한 일이다. 김앤장도 금융, 기업일반, 소송, 조세, 지적재산권 등 각자의 전문분야에 따른 큰 틀의 업무분장을 운용하고 있다. 그러나 고객이 사건을 의뢰하면서 본격 시작되는 사안별 구체적인 업무수행은 그때그때 팀을 구성해 진행함으로써 인력 풀을 최대한 가동하고 있다. 유연한 운용을 통해 최적합의 팀 구성을 이루어냄으로써 고객의 수요에 적극 부응하자는 것이다.

팀 구성의 이같은 유연성은 또 고객이 원하고 있는 원스톱 토털 서비스로 이어지고 있다. 단 한 번의 사건 의뢰에 여러 명의 전문가가 한꺼번에 투입돼 고객의 갖가지 고민을 완벽하게 해결하는 종합적인 솔루션 제공은 경직된 고정 팀의 운영으로는 효과적인 대응이 쉽지 않다.

로펌이 추구하는 법률서비스의 목표라고 할 수 있는 원스톱 토털 서비스는 기업에서 요청하는 법률서비스의 내용이 갈수록 복잡해지면서 그 중요성이 더욱 커지고 있다.

국적이 서로 다른 두 기업의 합병을 예로 들어보자. 일을 맡은 로펌은 M&A 계약의 체결은 물론 증권, 부동산, 세금, 노동, 지적재산권, 환경, 공정거래 등 두 기업의 합병에 수반되는 다양한 분야의 이슈를 하나도 빠트리지 않고 완벽하게 처리해야 한다. 먼저 관련 분야의 전문변호사로 팀을 구성하는 게 일차적인 과제다. 이어 팀이 구성되면 각자의 전문분야에 따라 업무를 분담하고, 필요에 따라 서로 정보를 교환하고 소통하며 본격적으로 프로젝트를 수행하게 된다.

증권 분야에서 역량을 발휘해온 A 변호사는 주주변동과 관련된 법률문제를 체크하고, 부동산 전문인 B 변호사는 회사 소유의 부동산 이슈를 검토하게 될 것이다. 또 C 변호사는 회사의 경영권이 변화하면서 조세문제가 어떻게 달라지는지 파악해 처방을 마련하는 업무를 담당하고, D 변호사는 합병에 따른 노사문제를 점검하는 식이다. E 변호사는 또 특허 등 지적재산권과 관련해 챙겨야 할 일이 적지 않을 것이다.

변호사들은 외국계 기업이 국내에 진출하는 경우 법적 자문을 넘어 국내의 시장 전망이나 정부 정책의 변화까지 검토해 자문에 응해야 한다고 말한다. 기업이 추진하고자 하는 사업이 계획대로 이루어져 성공에 이르도록 안내하고 돕는 데까지 로펌의 역할이 확장되어야 한다는 것이다.

김앤장의 홈페이지에서 소개하고 있는 업무분야를 들춰보면, 김앤장의 원스톱 서비스가 어느 정도까지 미치고 있는지 짐작할 수 있다. 아시아·태평양 지역에서도 선두를 달리고 있는 김앤장의 M&A 분야에 대한 설명이다.

"투자기회를 모색하는 시점부터 거래를 성공적으로 종결하는 시점까지 기업 인수·합병의 모든 단계에 있어 고객에 대한 자문과 지원을 제공한다"고 소개하고 있다. 이어 "조세, 인사·노무, 소송, 도산 및 각 산업별 규제에 이르기까지 인수·합병과 관련해 발생할 수 있는 모든 법률문제에 대해 고객에게 최상의 지원을 제공할 수 있는 기반을 제공하며, 나아가 유수의 투자은행, 회계법인 및 컨설팅 회사와 긴밀한 업무 협력체제를 구축해 치열한 경쟁이 이루어지는 인수·합병 시장에서 고객의 수요를 충족시키기 위해 만전을 기하고 있다"고 업무내용을 보다 구체적으로 안내하고 있다.

아시아 최고 로펌 김앤장의 경쟁력은 높은 수준의 팀플레이와 원스톱 토털 서비스에서 비롯된다고 해도 틀린 말이 아니다.

외국변호사의 활약

　　김앤장이 아시아 최고라는 경쟁력 있는 로펌으로 성장한 데는 외국변호사의 헌신적인 기여 또한 빼놓을 수 없다. 2012년 현재 약 120명의 외국변호사가 한국변호사와 호흡을 맞추며 특히 국제 관련 분야에서 맹활약하고 있다. 외국변호사를 처음 채용해 업무에 활용한 로펌답게 국내 로펌 중 가장 많은 수의 외국변호사가 활동하고 있다.

　　파란 눈의 외국변호사가 한국변호사와 머리를 맞대고 열심히 토론하며 최상의 결론을 도출해가는 것은 김앤장에서는 아주 일상적인 모습이다. 외국변호사들은 법률뿐만 아니라 해당 국가의 문화, 외국 로펌에서 근무하면서 습득했던 경험 등에 대해 조언함으로써 김앤장의 법률서비스가 보다 전문적이고 효율적으로 이루어지도록 돕고 있다. 또 국내 변호사를 도와 협상장에 나가 계약 조건을 체크하고, 외국 기업이 관련된 섭외사건에서 의사소통을 중개하는 역할도 외국변호사의 빼놓을 수 없는 업무 중 하나. 영문계약서 작성과 통, 번역도 이들의 손을 거쳐 마무리되는 경우가 많다.

국내 변호사들은 또 외국변호사와 머리를 맞대고 회의를 하며 의견을 교환하는 과정에서 외국 고객의 사고 패턴을 익히고, 국제경쟁력을 높여 가고 있다.

국내의 다른 대형 로펌들에서도 상당한 수의 외국변호사가 활동하고 있지만, 외국변호사를 채용해 업무에 활용하기 시작한 곳도 물론 김앤장이다.

김앤장의 외국변호사 1호는 1977년 합류한 톰 맥가원. 지금은 대만에서 활동하고 있는 그는 철저한 프로페셔널 정신과 성실성으로 김앤장의 초기 변호사들에게 강한 인상을 남겼다는 후문이다.

이어 제프리 존스가 1980년에 합류해 가장 성공한 외국변호사의 한 사람으로 경력을 더해가고 있다. 존스 변호사는 사실상 한국인이라고 불러도 손색이 없을 만큼 한국에서 오랫동안 활약하고 있는 미국변호사로, M&A와 관련된 자문을 많이 수행하며 한국에 진출하는 수많은 외국 기업의 안내자 역할을 하고 있다.

그는 1998년부터 4년간 한국에 진출해 있는 미국 기업의 모임인 주한 미상공회의소 회장을 맡아 외국인투자를 적극 유치하고, 한국이 IMF 외환위기를 벗어나는 데 크게 기여했다. 대학생 때인 1970년대 초 모르몬교 선교사로 한국을 방문한 것이 인연이 되어 미국의 브리햄 영대 로스쿨을 마치고 변호사가 된 후 다시 한국을 찾았다. 2000년 미국 기업들로부터 거둔 기금으로 한국의 실직자를 돕는 '미래의 동반자' 재단을 설립하고, 가난한 학생들을 돕는 '제프리 존스 장학회'를 운영하는 등 공익활동에도 시간과 정성을 아끼지 않고 있다.

또 파생상품, 구조화금융 등의 전문가인 홍선경 미국변호사는 서울대 영문과를 나와 미 하버드대에서 사회학 박사학위를 취득한 뒤 다시 예일대 로스쿨을 졸업한 경력의 소유자로, 힐러리 미 국무장관과 예일대 로스쿨 시절부터 잘 아는 사이로 알려져 있다. 캘리포니아주에서 변호사가 됐으며, 미국 로펌인 Pettit&Martin과 Jones, Day, Reavis&Pogue를 거쳐 1993년 김앤장에 합류했다. 그의 완벽에 가까운 영문의견서는 외국 기업들 사이에서 특히 인기가 높다.

하버드대를 나와 20대에 유엔에서 통상 관련 일을 보다가 방향을 틀어 서른 살이 넘어 다시 로스쿨을 졸업한 정화수 미국변호사는 영어뿐만 아니라 프랑스어도 유창하게 구사한다. 캘리포니아주 변호사가 돼 1992년 김앤장에 합류했으며, 제약과 식품, 화장품, 의료 등의 분야에서 명성을 떨치고 있다.

이들 외에도 독일 로펌에서의 근무를 거쳐 2005년 김앤장에 합류한 마티아스 슐라이허(Matthias SCHLEICHER) 독일변호사, 국제중재 전문가로 2011년 6월 합류한 카이야네스 베그너(Kay-Jannes WEGNER) 독일 및 영국변호사, 해상 분야에서 활약하는 김담희 캐나다 변호사와 이재복 영국변호사 등 다양한 나라에서 자격을 취득한 외국 변호사들이 분야별로 나눠 관련 업무를 뒷바라지 하고 있다. 베그너 변호사는 1996년 비스(Vis) 국제중재 모의재판에서 구두변론 최고상을 받은 주인공으로, 런던국제중재법원(LCIA)에서 근무하기도 했다.

　김앤장은 능력 있는 외국변호사들을 지속적으로 충원하고 있다. 이들의 능력을 필요로 하는 업무분야가 갈수록 늘어나고 있기 때문이다. 한국의 법률시장이 개방되고, 한국 기업의 해외진출이 가속화될수록 김앤장에서 근무하는 외국변호사들의 활약 또한 더욱 확대될 것으로 예상된다.

비변호사 전문가의 활약

원스톱 토털 서비스의 제공과 관련, 최근 로펌 업계에서 나타나고 있는 추세 중의 하나는 변호사가 아닌 비법률 전문가의 활약이다. 로펌마다 공인회계사, 변리사, 세무사, 관세사, 노무사 등이 포진해 변호사와 함께 고객의 다양한 니즈(needs)에 부응하고 있으며, 로펌의 업무분야가 세분화되면서 이들 비변호사 전문가의 활동반경도 갈수록 확대되고 있다.

김앤장에도 2010년 현재 공인회계사, 변리사, 세무사, 관세사, 노무사 등 300명 이상의 비변호사 전문가가 변호사와 함께 근무하고 있다. 또 전직 공무원이나 금융기관 출신의 전문가, 대학이나 연구소에서 연구를 수행한 학자 출신 전문가 등이 각자의 전공 분야에 따른 식견과 경험을 토대로 변호사와의 협동작업에 나서고 있다.

산업자원부 산업기술국장과 특허청 심사국장을 지낸 백만기 변리사와 특허심판원 심판장 출신의 김진 변리사, 성재동 전 특허청 심판국장, 특허청에서 풍부한 경험을 쌓은 고이화, 박충범, 이중희 변리사와 삼일회계법인 등에서 다양한 경험을 쌓은 조용호, 백우

현, 여동준, 최효성 회계사 등이 오래전부터 김앤장에서 활약하고 있는 대표적인 전문가로 손꼽힌다. 또 서영택 전 국세청장과 허병익 전 국세청 차장, 황재성, 전형수 전 서울지방국세청장, 최명해 전 국세심판원장, 최병철, 홍철근 전 국제조세관리관 등은 국세청에서의 화려한 경력을 앞세워 조세 분야에서 탁월한 전문성을 발휘하고 있다.

물론 이들 전문가를 통해 변호사 혼자서는 감당하기 어려운 높은 수준의 종합서비스를 생산해 내고 있다는 게 김앤장의 설명이다.

변호사가 아닌 전문가의 로펌 행과 관련, 사건유치나 대 행정부 로비 등을 위한 포석이 아니냐고 비판하는 일부 의견도 없지 않지만, 김앤장 등 대부분의 로펌에선 전문성 강화의 일환이라는 확고한 입장을 나타내고 있다.

"변호사끼리 모여서 전문화하는 데에는 한계가 있습니다. 예컨대 법만 공부해서는 우수한 금융 전문 변호사가 나오기 어렵지요. 현장에서 상품이 실제로 어떻게 거래되는지 배우고 공부해서 전문가적 식견을 쌓아야 합니다. 우리가 변호사가 아닌 각 분야의 전문가를 자문역으로 참여시키는 것은 함께 공부하고 의견을 나누는 가운데 전문변호사로 성장할 수 있고, 사안의 해결에 절대적으로 도움이 되기 때문입니다."

조용호 회계사는 "지금은 누가 어떤 자격증을 가졌느냐가 의미 있는 게 아니라 그 사람이 시장에서 요구하는 전문적 지식을 서비스할 수 있느냐가 중요한 시대"라며, "김앤장의 구성원들 사이에 이에 대한 확고한 공감대가 형성돼 있다"고 강조했다.

실제로 변리사와 공인회계사는 로펌에서 변호사에 버금가는 중요한 역할을 수행하고 있다. 변리사는 특허 등록을 대행하며, 특허심판원과 특허법원의 관련 분쟁을 맡아 대리인 자격으로 직접 심판정이나 법정에 나가기도 한다.

또 기업회계 내역을 분석하는 게 주된 임무인 공인회계사는 M&A의 본격적인 추진에 앞선 기업 실사과정에 참여해야 하는 중요한 존재다. 변호사 혼자서는 도저히 해낼 수 없다. 공인회계사들은 기업의 재무상황이나 경영상태 분석이 중요한 기업회생 사건 등에도 적극 참여하고 있다.

조세와 관세에 관한 자문이 텃밭인 세무사와 관세사, 기업의 노사 관련 자문에서 탁월한 전문성을 발휘하는 노무사, 노동전문가 등도 로펌의 업무영역이 조세, 무역, 노동 등 다양한 분야로 확대되며 역할이 갈수록 늘어나고 있다. 로펌의 업무수행에 필수적인 전문가 직군인 것이다.

최근에는 대개 고문이라는 직함으로 로펌에서 활동하는 전직 행정관료나 기업, 금융계, 대학교, 연구소 출신 인사의 역할이 커지고 있다. 경제나 금융 혹은 관련 산업 분야의 전문가인 이들은 변호사를 도와 해당 분야에 대한 자문역할을 주로 수행한다.

변호사들은 행정부처의 실무 사례나 규정, 지침 등 변호사가 정확하게 파악하기 어려운 사안이나 난해한 첨단 금융상품의 내용을 파악하는 데 이들 전문가의 도움이 매우 필요하다고 말하고 있다.

변호사가 알 수 없는 전문적인 지식과 역량이 요구되는 사건의 경우 관련 분야 전문가의 의견을 받아 함께 문제 해결에 나서는 것이 수준 높은 법률서비스를 제공하는데 큰 도움이 된다는 것이다.

비변호사 전문가들이 로펌에 근무하며 변호사와 함께 더욱 질 높은 서비스 개발에 기여하고 있다는 데 대해서는 고객들의 평가도 크게 다르지 않다. 홍콩에서 발행되는 유러머니(Euromoney) 계열의 법률잡지인 《Asialaw》 2010년판은 "산업전문가, 전직 공무원 등 김앤장의 다수의 비변호사 전문가들이 고객에게 더욱 심도 있는 조언을 제공하고 있다"고 소개하고 있다.

변호사가 아닌 전문가의 로펌 행은 물론 외국의 대형 로펌에서 먼저 시작됐다. 한국의 로펌들보다 훨씬 다양하게 업무를 수행하는 외국 로펌에선 경제와 금융전문가는 물론 전직 언론인에 이르기까지 다방면의 전문가들이 변호사와 함께 질 높은 법률서비스의 개발에 나서고 있는 것으로 알려지고 있다. 미국의 경우 정치인, 전직 외교관, 증권거래위원회(SEC) 출신의 고위 공직자 등이 로펌에서 고문 또는 자문역으로 활발하게 활동하고 있다. Special Policy Advisor, Special Counsel, Senior Advisor 등 다양한 직함을 사용한다.

로스쿨의 한 교수는 "한국의 로펌들도 외국 로펌과 마찬가지로 고객의 수요가 증가하고 업무영역이 확대되면서 비변호사 전문가의 참여가 갈수록 늘어나고 있다"며, "법률시장이 개방되면 이러한 현상이 더욱 가속화될 것"이라고 전망했다.

주요 업무분야와 전문변호사들   5

업무분야와 전문변호사

앞에서도 소개했지만 로펌 경쟁력의 핵심은 그 법률회사가 제공하는 법률서비스의 전문성 정도에 의해 판가름 난다고 해도 과언이 아니다. 그럴 수밖에 없는 것이 기업 등이 요구하는 법률서비스의 수준이 갈수록 높아지고 있어 고도로 전문화된 내용이 아니면 고객의 니즈를 맞추는 것 자체가 쉽지 않기 때문이다. 국내외 로펌들이 수많은 변호사를 채용해 실무를 가르치고, 업무분야를 나눠 더욱 높은 수준의 전문화를 추구하는 것도 시장에서의 이 같은 수요 변화를 겨냥한 당연한 대비인 셈이다.

김앤장은 특히 높은 수준의 전문화를 구축해 가고 있는 것으로 유명한 법률회사다. 다른 어느 로펌보다도 업무분야가 세분화되어 있으며, 변호사 등 800명이 넘는 전문인력이 포진해 기업의 다양한 수요에 부응하고 있다.

M&A 거래 등에 자문하며 김앤장과 여러 차례 딜을 함께 수행해 본 경험이 있는 다른 로펌의 한 중견 변호사는 "김앤장은 외부에 알려져 있는 것보다도 전문변호사의 층이 훨씬 두텁게 구축돼 있다"

며, 김앤장의 경쟁력을 높게 평가했다. 실제로 수십 개 업무분야로 나뉘어 포진하고 있는 김앤장의 변호사들은 높은 전문성을 자랑한다. 국내 로펌 업계에서 분야별로 선두의 위치를 차지하고 있는 전문변호사가 다른 어느 로펌보다도 많으며, 김앤장 변호사들의 높은 전문성은 외국에도 잘 알려져 있다.

변호사 개개인의 전문성은 또 서로 시너지를 내며 김앤장 전체의 경쟁력으로 이어지고 있다. 국내외의 주요 매체에서 한국 로펌 업계를 대상으로 실시하는 업무분야별 경쟁력이나 전문변호사 평가에서 김앤장과 김앤장의 변호사들이 압도적인 우위를 차지하고 있는 것은 어제오늘의 일이 아니다. 영국의 법률 전문 잡지인《Legal Ease》가 발행한《아시아 · 태평양 리걸 500》2009/2010년호에 따르면, 김앤장이 공정거래(Antitrust and Competition), 금융(Banking and Finance), 자본시장(Capital Markets), 기업일반 및 M&A(Corporate and M&A), 송무와 중재 등 분쟁해결(Dispute Resolution), 인사 · 노무(Employment), 보험(Insurance), 지적재산권(Intellectual Property), 특허와 상표(Patent and Trade Marks), 프로젝트와 에너지(Projects and Energy), 부동산(Real Estate), 해상(Shipping), 정보통신 및 미디어(Technologies, Media&Tele-communications), 조세(Tax)의 14개 전 분야에서 국내 1위그룹에 오르는 등 김앤장과 소속 변호사들의 경쟁력이 대단한 것으로 정평이 나 있다. 또 김앤장의 수많은 변호사들이 각 분야를 대표하는 리딩변호사(leading individuals)로 평가받고 있다.

이외에도 김앤장의 홈페이지에 접속해 보면, 국내외의 여러 매체가 실시한 김앤장과 김앤장 변호사들에 대한 높은 평가를 한 눈에 확인할 수 있다. 한마디로 국내 최고 수준의 경쟁력을 이어가고 있다.

그러나 김앤장 사람들은 이러한 국내외의 평가에 크게 관심을 두지 않는 분위기다. 법률시장 개방에 따라 외국 대형 로펌과의 경쟁을 목전에 둔 상황에서 국내 로펌끼리 순위를 따지는 것이 무슨 의미가 있느냐는 것이다. 이재후 대표는 "이미 오래전부터 외국의 대형 로펌에 앞서는 경쟁력을 갖추는 것을 목표로 매진해 왔다"며, "변호사 각자가 자신의 업무분야에 관해 고도의 전문성과 함께 탁월한 업무능력을 갖추는 것이 경쟁력의 요체라는 신념을 갖고 노력하고 있다"고 강조했다.

다른 로펌과 마찬가지로 김앤장의 업무분야도 크게 자문과 송무 분야로 나뉘고 있다.

자문 분야는 김앤장이 설립 초기부터 개척해 온 주력 분야이자 김앤장이 전통적으로 강한 분야로 유명하다. 금융과 기업일반으로 다시 분야를 나눠 수십 개의 세부 업무분야를 운영하고 있다. 건설, 방송·통신, 보험, 부동산, 에너지·자원, 엔터테인먼트, 제약·식품·의료 등 산업별로도 특화된 업무분야를 유지하고 있다. 또 최근 들어 비중이 더욱 확대되고 있는 조세, 지적재산권, 해외 등의 분야를 별도로 운영하며 서비스의 범위를 더욱 다각화하고 있다.

법원에 제기되는 민·형사 소송 등 각종 소송에 관련된 일을 관장하는 송무 분야도 김앤장이 다른 어느 로펌에 밀리지 않는 높은 경쟁력을 확보하고 있다. 검찰 출신이 많이 포진한 형사 분야를 별도로 운영하고 있으며, 국제소송과 중재, 도산과 기업회생 등을 송무로 분류해 유기적인 연계를 도모하고 있다.

물론 김앤장은 다양하게 나눠 운영하고 있는 수많은 업무분야 못지않게 기업의 니즈를 충족하는 고도의 전문서비스를 일관된 철학으로 강조하고 있다. 분야별로 전문변호사가 두텁게 포진해 높은 수준의 전문성을 뒷받침하고 있으며, 사안에 따라 그때그때 팀을 구성해 가동하는 유연한 자세로 업무 수행의 시너지를 높여가고 있다.

로펌 업계에 밝은 다른 로펌의 한 변호사는 "김앤장은 전문분야별로 뛰어난 실력의 전문의가 수십 명씩 포진한 종합병원에 비유할 수 있다"며, "이들 각각의 전문분야와 전문변호사가 만들어내는 시너지도 상당할 것"이라고 평가했다.

금융

김앤장에서 가장 먼저 시작된 업무분야 중 하나다.

설립초기부터 정부와 공기업의 차관도입, 일반 사기업의 금융 및 외화조달 업무에 관여하면서 일반 기업자문 분야와 함께 김앤장의 양대 산맥 중 하나로 성장해 왔다. 특히 외화대출 관련 서류를 국산화하고, 1980년대 들어 물밀듯이 이어진 국내 대기업과 금융기관 등의 해외증권 발행을 선도하는 등 한국 금융사의 중요 계기마다 김앤장 금융 그룹의 변호사들이 나서 맹활약했다.

IMF 외환위기와 2008년의 세계금융위기 때도 금융 그룹 변호사들의 활약이 돋보였다. 정계성, 허익렬 변호사 등이 나서 갖가지 방법의 외자유치를 성사시키는 등 김앤장 금융 그룹의 변호사들이 IMF 위기 극복에 크게 기여했다는 것은 정부는 물론 일반기업과 금융계에도 잘 알려진 유명한 이야기다.

IMF 위기를 맞아 수많은 기업의 구조조정을 지원하고, 법정관리와 화의신청을 통해 경영위기에 몰린 기업의 회생을 도모하는 데 앞장섰으며, 이후 ABS와 ABCP 등 구조화금융 분야에서도 김앤장의 변호사들이 업계를 선도하며 많은 거래를 수행했다. 세계금융위기가 원인이 되어 발생한 키코 분쟁에선 금융 그룹의 변호사들이 송무 그룹의 변호사들과 함께 은행 쪽을 맡아 활약하고 있다. 키코 분쟁은 환(換) 헤지(hedge) 통화옵션상품인 키코 가입 계약을 맺었다가 환율이 급등하며 손실을 입게 된 기업이 은행을 상대로 상품의 위험성을 제대로 설명하지 않았다며 손해배상 등을 청구한 소송으로, 1심에서 은행 측이 승소했다.

정계성 변호사가 총괄 지휘하는 김앤장 금융 그룹은 역사도 오래되었지만 관련 전문가 층 또한 매우 두텁게 형성되어 있다. 기업 활동에서 금융과 관련되지 않은 분야가 없을 만큼 워낙 영역이 광범위한 데다 새로운 금융상품, 금융기법이 꾸준히 개발되고 있기 때문이다.

1976년 입사해 30년 넘게 금융 분야의 일을 도맡아 처리하고 있는 정계성 변호사는 1970년대의 차관도입 업무를 시작으로, 웬만한 금융거래 치고 그의 손을 거치지 않은 것이 드물다고 할 만큼 이 분야의 유명한 변호사로 통한다. 1979년 금융과 일반 기업자문 분야로 김앤장의 업무분야가 갈라지며 금융 쪽을 맡아 이후 수많은 후배들을 길러 내며 활약하고 있다.

1979년 대한항공이 항공기를 직접 저당잡히는 새로운 방식으로 추진했던 5억 달러 차관 도입이 그가 김앤장에 입사한 지 얼마 안 지나 수행한 대형 거래 중 하나. 이후 1980년대 초까지 ABN 암로, 파리국립은행(BNP), 크레디리요네 등 외국 은행의 국내 진출 업무

를 맡아 처리했다. 외환, 산업, 수출입은행 등이 도입한 수억 달러
짜리 점보론(거액차입)에도 관여했으며, 1986년 대우중공업과 유공
이 추진한 해외전환사채 발행, 국내 기업으로는 처음인 1989년 삼
미특수강의 해외신주인수권부사채 5,000만 달러어치 발행, 역시
국내 최초인 1990년 산업은행의 3억 달러 규모의 양키본드 발행,
1990년 삼성물산 최초의 주식예탁증서 발행 등의 거래가 모두 그
의 지휘 아래 성공적으로 이루어졌다. 또 1995년의 한누리살로
먼증권과 1996년에 이루어진 환은스미스바니증권의 설립과 관
련해서도 자문했으며, 1982~1983년 해외연수를 떠나 씨티은행
고문으로 유명한 Shearman&Sterling 뉴욕사무소에서 1년간 근무
하기도 했다.

이어 정계성 변호사를 도와 금융 분야에서도 특히 증권 분야를
일구어 낸 박준 현 서울대 로스쿨 교수와 프로젝트 파이낸싱의 대
가인 조대연, 허익렬 변호사, IMF 외환위기 때 조대연 변호사와 함
께 법전 속에 잠자고 있던 화의제도를 되살려 내 수많은 기업의 회
생절차를 주도했던 정진영 변호사 등이 금융 분야에서 이름을 날리
고 있다.

또 김용호 변호사가 구조화금융 분야에서 활약하고 있으며, 이화
여대 로스쿨 교수로 옮긴 한민 변호사도 오랫동안 이 분야에서 이
름을 날렸다. 선박금융은 윤희선 변호사, 항공기금융은 조영균 변
호사가 도맡아 처리하고 있다.

김용호 변호사는 정부의 자산유동화법 제정에 관여했으며, 《금융

혁명-ABS》를 공동집필한 이 분야의 전문가다. 서울대 법대를 나와 코넬대 로스쿨(LL.M.)로 연수를 다녀온 데 이어 2004~2006년 하버드와 포담대 로스쿨에서 각각 1년씩 방문연구원으로 연구하기도 했다. 2011년부터 이화여대 로스쿨에 출강하고 있다.

이어 보험 분야를 맡고 있는 안재홍, 박웅 변호사와 사모투자가 전문인 허영만 변호사, 은행과 금융지주회사 관련 업무에 밝은 이상환, 박찬문 변호사, 인수·합병 금융의 박수만, 노영재 변호사, 자산운용의 전문가인 임진석, 이필국 변호사, 자본시장 전문인 고창현 변호사, 증권규제 쪽을 관장하는 송선헌 변호사, 파생상품 전문인 정성구 변호사와 홍선경 미국변호사 등 내로라하는 수많은 변호사가 분야를 나눠 금융 그룹을 떠받치고 있다.

하버드 로스쿨에서 동북아 법률연구과정을 수료하고, 영국계인 Linklaters에서 근무하기도 한 허영만 변호사는 현재 금융감독원 경영평가위원회 위원으로 활약하고 있다.

증권 및 자본시장

증권 및 자본시장 분야는 기업의 성장과 운영에 필요한 다양한 형태의 자금조달 지원이 주된 업무다. 금융 그룹의 한 분야로 전통적인 채권과 주식의 발행 외에도 하이브리드 증권, 파생결합증권 등 다양한 구조를 가진 새로운 형태의 증권 발행에 전문성을 갖추고 있다.

현재 서울대 로스쿨 교수로 재직 중인 박준 변호사가 이 분야를 본격 개척, 1987년 국내 최초인 삼성물산의 해외주식예탁증서 발행에 자문했다. 이어 다양한 형태의 해외증권 발행업무를 수행하며 자금 수요가 컸던 우리 기업의 해외자금 조달에 앞장섰다.

2000년대 들어 활발하게 전개된 국내 기업의 해외증시 상장도 김앤장의 변호사들이 활약한 대표적인 업무분야로, 김앤장은 뉴욕증권거래소(NYSE), 나스닥, 런던증권거래소(LSE), 도쿄증권거래소(TSE) 등 해외거래소에 최초로 상장하는 수많은 기업의 기업공개(IPO) 업무를 수행했다.

박준 변호사에 이어 이 분야의 여러 거래에 참여한 이상환 변호사는 "상장 자체에 관련된 국내외 증권법규에 대한 자문뿐만 아니라 기업의 전략적 목표를 감안한 기업법, 세법 등의 검토, 상장 이전의 사전정지작업 및 상장 후의 기업지배구조 변경 등에 이르기까지 종합적인 자문을 제공했다"고 소개했다.

2007년 김앤장의 증권 및 자본시장 그룹은 또 하나의 중요한 거래를 수행했다. 국내외 동시 트렌치 방식으로 진행된 삼성카드의 기업공개 때 인수단 측을 대리해 국내 증시에만 상장하면서도 해외 투자자의 투자를 이끌어 낸 것이다. 이 방식은 기업이 필요로 하는 자금은 모두 조달하면서도 해외증시엔 상장할 필요가 없어 종래의 국내외 동시 상장 방식보다 기업공개 및 상장유지 비용이 절반밖에 들지 않는다는 이점이 있어 기업들로부터 호평을 받고 있다.

삼성생명보험 및 미래에셋생명보험 상장에서도 김앤장이 발행사인 삼성생명과 미래에셋생명을 맡아 똑같은 방식으로 투자자를 모집했다.

이 외에 국내 대기업의 해외증권 발행을 통한 역외펀드 설정, 각종 파생금융상품의 법적 규제 및 금융자산의 유동화작업 등 증권과 관련된 여러 업무를 앞장서 처리하고 있다. 또 감독과 규제가 많은 증권회사의 준법감시에 관한 다양한 자문과 함께 증권회사 또는 증권회사의 지점 설립에 관련된 인·허가 업무를 지원하고 있다.

콜롬비아 로스쿨을 거쳐 Simpson Thatcher&Bartlett 뉴욕사무소에서 경력을 쌓은 송선헌 변호사는 "최근 높은 관심이 집중되고 있는 ELW/ELS 등 파생결합증권과 기타 장외파생상품 등 파생상품과 관련된 규제 전반에 대해서도 전문적이고도 상세한 자문을 제공하고 있다"고 설명했다. 송 변호사는 서울대 법대 출신으로, 뉴욕주 변호사 자격도 갖추고 있다.

1982년 김앤장에 합류해 25년간 금융 특히 증권 분야에서 활약한 박준 변호사는 로스쿨 개원을 앞둔 2007년 가을 교수가 돼 서울대 로스쿨로 옮겼다. 김앤장에 있을 때인 1987년 하버드 로스쿨로 연수를 떠나 미국 증권법을 연구했으며, 이어 증권 전문으로 유명한 미국의 Sullivan&Cromwell에서 경험을 쌓았다. 그가 UC버클리에서 나오는 계간 법률잡지인 《International Tax and Business Lawyer》 1988년 겨울호에 기고한 논문 〈한국 증권시장의 국제화에 관한 연구(Internationalization of the Korean Securities Market)〉는 미국 교수들도 경탄한 명논문으로 전해지고 있다.

박준 변호사에 이어 현재 김앤장의 증권 및 자본 그룹에선 이상환, 노영재, 송선헌, 김용호, 윤희선, 고창현, 허영만, 임진석, 정명재 변호사 등 50명 이상의 국내 변호사가 활약하고 있다.

윤희선 변호사는 "실무에 밝고 경험이 풍부한 전문인력이 다수 포진해 변호사들이 제공하는 자문의 폭과 깊이를 더하고 있다"며, "자본시장업무와 직, 간접으로 연관이 있는 증권관련 소송 그룹이나 조세 그룹 등과의 업무협조를 통해 관련 논점을 망라한 종합서비스를 추구하고 있다"고 강조했다. 윤 변호사는 서울대 법대를 나와 펜실베이니아대 로스쿨에서 LL.M.을 했다. 뉴욕주 변호사 자격도 갖추고 있다.

실무팀장의 역할을 수행하고 있는 이상환 변호사도 뉴욕주 변호사 자격을 갖추고 있다. 코넬대 로스쿨로의 연수를 거쳐 Cleary, Gottlieb, Steen&Hamilton 뉴욕사무소에서 근무했으며, 도쿄의 Matsuo&Kosugi 법률사무소에서 근무한 경험도 있다. 영어와 일본어를 잘하며, 재경부 금융발전심의회 자문위원을 역임했다.

잠시 동안 판사 근무를 거쳐 2000년 김앤장에 합류한 정명재 변호사는 금융위원회 산하 헤지펀드 태스크포스의 일원으로 자본시장통합법 제정에 참여한 데 이어 코스닥상장폐지실질심사위원회 위원으로 활동하고 있다. 이런 활약 등을 평가받아 홍콩에서 발간되는 법률 전문 잡지인 《Asian-Counsel》로부터 '2009년 최고의 로펌 변호사'로 선정되기도 됐다.

은행 및 금융지주회사

은행·금융지주회사 전문 그룹도 금융 그룹의 한 분야로, 박수만, 이상환, 허영만, 임진석, 박찬문, 조현덕 변호사 등이 이끌고 있다. 은행 및 금융지주회사의 신규 설립, 은행 인수·합병, 은행 및 금융지주회사 관련 법령에 관한 자문, 감독당국에 대한 보고서 제출 등 은행과 금융지주회사의 업무 전반에 관한 자문을 제공한다.

그동안 씨티은행의 한미은행 인수, SCB의 제일은행 인수, 모건스탠리의 은행지점(Bank Branch) 설립, 메릴린치(Merrill Lynch)와

골드만삭스(Goldman Sachs)의 은행지점 설립, 두산인프라코어의 밥캣 인수를 위한 30억 달러의 신디케이트론 등의 업무를 수행했다. 또 신한, 국민, 산업, SC제일, 씨티은행 등 국내 금융기관 대부분의 금융지주회사 전환에 관련된 자문을 수행, 이 분야에서 독보적인 업무능력을 보여주고 있다.

박수만 변호사는 "은행 및 금융지주회사는 지배구조, 자금조달, 운용과정의 모든 면에서 감독과 규제를 받는 산업이므로 관련 법령과 규정에 대한 준수(compliance)가 매우 중요하다"며, "수시로 개정되는 법규, 규정, 예규, 지침, 모범규준 등을 안내하고 compliance에 대한 자문을 제공한다"고 설명했다. 금융연수원과 증권연수원 강사로도 활약하고 있는 박 변호사는 영국의 옥스퍼드 Wolfson College와 미시간대에서 공부했으며, Clifford Chance 에서 경력을 쌓았다. 사법연수원 11기로, 해군법무관 복무를 마친 1984년 김앤장에 합류했다.

비은행 금융기관

비은행 금융기관 그룹에선 신용카드업을 영위하는 은행을 포함한 신용카드회사, 리스회사, 할부금융회사, 저축은행, 대출취급회사 등에 대한 자문을 담당하고 있다. 사업 및 거래계획의 수립과 실행, 법규 준수, 규정의 적용과 해석 등 전 분야에 걸쳐 법률서비스를 제공하는 한편 감독기관의 조사, 검사에 관련된 자문, 세무관련 사항에 대한 자문 및 대리, 공정거래위원회 사건의 대리, 민사, 형사 및 행정소송 대리, 상장, 증자, 해외증권 발행, ABS 거래 기타 자금조달에 관련된 거래 등의 검토와 자문, 합병, 영업양수도 관련 업무 등을 지원하고 있다.

또 신설 리스회사와 할부금융회사의 설립 및 금융감독위원회 등록업무 수행, 여러 계약서와 부속서류의 작성 및 검토 등의 업무도 함께 수행해오고 있다.

이상환, 윤희선, 임진석 변호사 등이 활발히 자문에 응하고 있다. 새롭게 부각되고 있는 저축은행 분야에선 임진석 변호사 등이 주도적으로 움직이고 있다. 임진석 변호사는 서울대 정치학과를 나와 제 30회 사업시험에 3등 합격한 주인공으로, 하버드 로스쿨로 연수를 다녀왔다. 2011년부터 서울지방변호사회 국제이사를 맡고 있다.

사모투자 및 자산운용

소수의 투자자로부터 자금을 조성해 M&A, 부동산, 주식 등에 투자하는 사모투자펀드(PEF)와 자산운용에 관련된 업무도 금융 그룹이 수행하는 주요 업무의 하나다. 특히 M&A 시장 등에서 PEF의 활동이 활발해지며 이 분야를 담당하는 김앤장의 변호사들이 더욱 바쁘게 움직이고 있다.

김앤장은 최근 국내외 유수의 사모투자펀드에 의해 수행된 상당수의 주요 거래에서 법률자문을 담당했다. 특히 차입매수(Leveraged

Buy-Out, LBO), 상장폐지(going private transaction)와 같이 고도의 전
문성을 요하는 거래에서 전문적인 역량을 발휘하고 있다고 이 분야
를 관장하고 있는 노영재 변호사가 소개했다. 통신, 게임, 디지털 미
디어, 생체공학 등 다양한 업종의 국내 벤처기업, 중견기업을 대상
으로 하는 벤처캐피탈 투자에 대한 자문도 함께 수행하고 있다.

자산운용업과 관련 회사, 투자자문업과 투자일임업, 헤지 펀드,
PEF의 설립과 투자자의 모집 및 자산의 운용과 관련된 법률서비스
를 제공하고 있다. 나아가 국내 자산운용회사 등의 인수·합병과
관련, 실사, 거래 구조의 제안, 규제 당국으로부터의 승인 취득 등
전 과정에 걸쳐 자문을 제공함은 물론 인수·합병 완결 이후의 업
무 통합과 관련해서도 자문을 제공하고 있다고 허영만 변호사가 설
명했다.

노영재, 허영만 변호사와 함께 임진석, 백재호, 선용승 변호사 등
이 활약하고 있다.

구조화금융

IMF 전후부터 크게 각광받고 있는 자산유동화 분야도 김앤장이
자랑하는 주요 업무분야로 꼽힌다. 박수만, 이상환, 조영균, 김용
호, 윤희선 변호사 등 쟁쟁한 멤버가 포진하고 있다.

국내 최초로 자동차할부채권 유동화거래에 대해 법률자문을 제
공했으며, 이후 일반적인 자산유동화거래뿐만 아니라 주식, SOC

프로젝트 금융자산, 토지매출채권, 유료도로관리권, 부동산개발대출채권, CLN(Credit Linked Note) 기타 신용파생상품 등 비정형화된 자산을 기초로 하는 새로운 유형의 구조화금융 거래에서도 선도적인 역할을 담당해 오고 있다고 박수만 변호사가 소개했다. 구조화금융을 담당하는 변호사들은 자산유동화를 통한 금융조달을 통해 국내 금융기관이 위기를 극복하고 체질을 개선하는데 큰 도움이 되었다는 자부심을 갖고 있다.

김앤장의 구조화금융 그룹은 국내 최초의 자산유동화 기업어음(ABCP Conduit) 구조를 고안해 단일 자산유동화 전문회사(SPC) 내에서의 자산 간 신용위험의 분리라는 시장의 요구를 실무적으로 가능하게 했으며, 해외 부동산개발 프로젝트를 위한 금융수요가 급속히 증가하고 있는 상황에 부응해 구조화 금융기법과 부동산개발금융을 연계한 법률서비스도 제공하고 있다.

변호사와 회계사는 물론 신용평가회사, 은행, 증권회사 등에서 활동한 다양한 경력의 금융전문가로 팀을 구성해 운영하고 있다. 김앤장 홈페이지에 그동안 수행한 다양한 자문사례가 소개되어 있다.

리스금융(항공기, 선박금융)

리스금융 그룹의 선박금융부문은 박수만, 윤희선 변호사 등이 이끌고 있다. 해운선사, 선박 소유회사 및 국내외 금융기관을 대리해 여러 유형의 국내 및 국경을 넘나드는 크로스보더(cross border) 선박금융거래에 자문을 제공하고 있다. 보다 구체적으로 설명하면, 신디케이트론에 의한 신규 건조 선박과 중고선에 대한 금융 및 다양한 운용리스, 금융리스, 조세리스(tax lease) 등에 대한 자문을 수행한다.

2009년 가을 한국가스공사와 한진해운, 현대상선, SK해운 등 해운 3개사를 대리해 LNG 선박의 재금융(refinancing)을 성사시킨 거래가 선박금융 분야의 대표적인 업무사례로 소개된다. 3개 해운사가 각각 1억 6,000만 달러씩 모두 4억 8,000만 달러를 대출받는 빅딜이었다. 이들은 1996년 파이낸싱 계약을 체결하고 조선사에 선박건조를 의뢰해 1999년에 인도받은 3척의 LNG선박에 대해 채권자(lender)가 인도일로부터 10년째 되는 때에 조기상환을 요구할 것에 대비해 신규 대출을 추진해 성공적으로 계약을 성사시켰다.

허익렬, 조영균 변호사 등이 이끄는 항공기금융 부문에서는 은행, 항공기 전문 리스회사 등 항공기금융을 제공하는 국내외 금융기관 대부분을 대리해 자문업무를 수행하고 있다. 얼마 전 보잉 737-800 항공기와 보잉 777-200ER 항공기 등을 신규로 구매하기 위해 수행된 금융거래와 에어버스 A321-200 항공기의 신규 구매를 위한 유럽 ECA 보증부 미 달러화 금융업무 등에 대해 자문했다.

조영균 변호사는 서울대 법대를 졸업하던 해인 1985년 제27회 사법시험에 합격했다. 1988년부터 김앤장에서 활약하고 있으며, 펜실베이니아대 로스쿨(LL.M.)로 연수를 다녀왔다. Dewey Ballantine 뉴욕사무소에서 경험을 쌓았으며, 공저로 《금융혁명 ABS》가 있다.

프로젝트 파이낸스

조대연, 허익렬 변호사 등이 오래전에 개척한 프로젝트 파이낸스 부문도 리더로 인정받고 있는 김앤장의 전통적인 분야로 통한다. 민간업자가 건설해 무상 기부채납한 후 리스로 제공하는 BTL(Build-Transfer-Lease)이나 무상 기부채납한 후 직접 운영하는 BTO(Build-Transfer-Operate) 방식, 기타 변형된 형태의 다양한 거래에서 수많은 실적을 쌓아가고 있다.

국내 및 해외의 지역개발(도시, 산업단지, 리조트, 업무 및 주거시설, 부동산 등), 교통(공항, 항만, 철도, 도로, 터널, 운하 등), 물류, 통신, 발전, 자원, 플랜트, 상·하수도, 기타 사회기반시설 등 거의 모든 영역에 걸쳐 자문을 제공하고 있으며, 국내 및 해외의 사업주(출자자), 대주(貸主), 시공자, 설비공급자, 인프라펀드, 정부기관 등에 자문을 제공하고 있다.

특히 한국 기업의 해외진출이 늘어나며, 해외에서의 사회기반시설 및 자원개발사업 등에 활발하게 참여하고 있다. 그동안 김앤장의 프로젝트 파이낸스 그룹이 수행한 업무 실적엔 중국, 필리핀, 베트남, 인도네시아, 몰디브, 카자흐스탄, 우즈베키스탄, 아랍에미리트, 알제리, 리비아, 나이지리아 등 아시아와 아프리카의 여러 개발도상국이 포함되어 있다.

국내에서도 천안-논산고속도로 민간투자사업의 대출채권을 유동화해 민간투자사업을 위한 프로젝트 파이낸스에 ABS 구조를 최초로 도입하는 등 개별 프로젝트별로 독특한 사업조건을 충족시키기 위한 차별화된 서비스를 추구하고 있다.

1979년 김앤장에 입사한 조대연 변호사가 1980년대 중반까지 각종 선박, 플랜트 수출계약을 주도적으로 처리한 이 분야의 전문가로, 중동 건설현장의 담수화시설, 발전소, 해군기지 등 여러 건설공사 협상에 참여했다. 사우디아라비아의 리야드(Riyadh) 대학 프로젝트, 이라크의 Al-Mussaib 화력발전소 공사, 태국의 Thai Olefins Plant 건설공사, 필리핀의 일리한(Ilijan) 복합화력발전소 공사 등이 그가 활약한 주요 프로젝트이며, LNG선 건조와 BBHP 금융조달 등 여러 형태의 선박금융 및 거래에도 관여했다. 항공기 도입과 관련된 금융도 주선했다.

1975년 제17회 사법시험에 합격했으나 곧바로 예일대 로스쿨로 유학을 떠나 시험동기들보다 2년 늦은 9기로 사법연수원을 마쳤다. 2008년 9월부터 2년간 세계한인변호사회(IAKL) 회장을 역임하는 등 전 세계에서 활동하는 한인 변호사의 교류와 네트워크 구축에 앞장서고 있다.

김앤장의 프로젝트 파이낸스 그룹은 법률잡지 등 관련 전문 매체 등으로부터 최고 수준의 평가를 받고 있다. 조대연, 허익렬 변호사에 이어 조영균 변호사 등이 주도적으로 업무를 수행하고 있다.

인수 · 합병금융

기업 사이에 M&A 거래가 활발하게 추진되면서 인수 · 합병금융도 갈수록 중요성이 더해지고 있다. 엄청난 자금이 소요되는 M&A의 특성상 관련 자금의 원활한 조달은 M&A의 성패를 가를 수 있는 중요한 요소가 될 수 있기 때문이다.

M&A 분야의 최강자라고 할 수 있는 김앤장은 인수 · 합병금융 분야에서도 상당한 실적을 자랑하고 있다. 특히 신디케이트론, 증권모집 및 LBO 방식 등 고객과 거래의 특성에 맞는 각기 다른 금융구조를 개발해 적용함으로써 성공률을 더욱 높여가고 있다.

박수만 변호사와 함께 이 분야를 이끌고 있는 노영재 변호사는 "인수 · 합병을 위한 금융조달은 M&A 거래 못지않게 법률 및 규제환경이 복잡해 정교한 대처가 필요하다"고 지적하고, "김앤장은 외환, 조세, 기업지배구조, 담보권 설정, 조세 등 관련 문제에 효율적으로 대처할 수 있는 전문성을 보유하고 있다"고 설명했다.

김앤장이 수행하는 상당수의 M&A거래에서 인수 · 합병자금 마련 등 관련 자문을 제공하고 있으며, 최근의 실적으로는 사모펀드인 H&Q와 IMM이 주도하는 컨소시엄이 하이마트 전환우선주를 매입하는 거래와 두산중공업의 스코다파워 주식인수와 관련, 인수자금 조달에 자문을 한 것이 있다.

기업회생 및 도산

백창훈, 정진영, 이현철 변호사 등이 포진하고 있는 기업회생 및 도산 분야도 IMF 위기 때부터 이름을 날린 김앤장의 유명한 업무분야다. 그동안 기업구조조정, 회사정리, 화의 또는 파산 사건 등에서 경영위기에 몰린 신청인 회사나 채권자, 투자자 기타 이해관계인을 대리하면서 자타가 인정하는 경쟁력을 쌓아 왔다. 특히 IMF 위기때 조대연, 정진영 변호사 등이 나서 법전 속에 잠자고 있던 화의제도를 실무적으로 활용해 수많은 기업을 위기에서 구출한 사례가 지금도 관련업계에서 이야기되고 있다.

최근에는 기업구조조정절차를 통한 양조회사의 매각, 컴퓨터 제조업체의 기업구조조정 등에 자문을 제공했다. 또 기업구조조정절차 중에 있는 정유회사로부터 부실채권을 회수하는 과정에서 채권단이나 투자은행 등에 자문을 제공하고, 워크아웃 절차를 수행하는 이동전화 제조업체에 자문을 제공하는 등 분야를 넓혀 다양하게 업무를 수행하고 있다.

부실기업의 구조조정 또는 채권단관리 등의 절차와 관련해서도 전통적인 채무자 회생절차의 개시신청뿐만 아니라 그 이후의 회생계획의 수립, 인가, M&A 등 회생절차의 전 과정에 걸쳐 자문을 제공하고 있다. 회생과정에 있는 회사의 M&A와 관련해서는 채권자나 주주 또는 인수희망자 등을 많이 대리한다.

또 부실기업에 맞는 구조조정 또는 회생방안의 선택, 부실기업을 상대로 한 채권회수 방안의 강구와 관련해서도 고도의 노하우가 축

적되어 있다고 정진영 변호사가 강조했다. 정 변호사는 예일대 로
스쿨로 연수를 다녀왔으며, 뉴욕주 변호사 자격도 갖추고 있다.

2008년 대법원 부장 재판연구관 출신의 전원열 변호사가 합류해
팀의 맨파워가 더욱 강화되었다. 전 변호사는 서울중앙지법 파산부
판사를 역임하며 기업회생에 관한 다양한 실무경험을 쌓았다. 이론
에도 매우 밝다. 서울중앙지법 파산부가 펴낸 회생제도에 관한 해
설서를 보면 전 변호사의 이름이 제일 앞줄에 나온다.

파생상품

파생상품 분야도 김앤장이 국내에서 가장 먼저 개척한 전문분야
로 꼽힌다. 서울대 교수로 옮긴 박준 변호사와 정성구, 정명재 변
호사, 홍선경 미국변호사 등이 주도적으로 이 분야를 개척했다.

단순한 파생상품에서부터 파생적 요소를 포함한 복잡한 구조화
상품에 이르기까지 다양한 자문을 제공하며, 특히 파생금융 거래
에 관한 대표적인 국제기구인 ISDA(International Swaps and
Derivatives Association, Inc.), ICMA(International Capital Market
Association), SLRC(Securities Lending and Repo Committee),
FOA(Futures&Options Association) 등에 국내 법령에 관해 자문해오
고 있다.

2009년 초 자본시장 및 금융투자업에 관한 법률 즉, 자본시장통
합법이 시행돼 파생상품 그룹의 활약이 더욱 확대되고 있다. 금융

위기 이후 문제가 된 키코 분쟁에서도 키코 상품의 이론적, 실무적 측면을 분석해 제공하며, 송무 변호사들과 함께 소송전략의 수립에 깊숙이 관여하고 있다.

홍선경 미국변호사는 "국내 파생상품 규제의 선진화에 공헌했다고 자부한다"며, "도산절차와 관련해서도 파생거래에 관한 다양한 표준계약이 국내에서도 사용될 수 있도록 하는 등 이 분야의 업무를 선도하고 있다"고 말했다.

보험

안재홍, 이태섭, 이윤식, 김진오, 백영화 변호사 등이 이끌고 있는 보험 그룹은 1980년대 말 국내 보험시장이 개방되어 외국의 생명보험 회사가 국내에 진출했을 때 처음 만들어졌다. 국내 로펌 중 가장 먼저 구성된 보험 전문 그룹으로, 안재홍 변호사 등이 주축이 되어 합작 생보사 설립 등을 주도했다.

보험 그룹은 특히 1990년대 말 IMF 위기가 닥쳤을 때 크게 활약했다. 안재홍, 박웅, 김진오 변호사 등이 나서 구조조정의 태풍이 불어 닥친 보험업계의 수많은 M&A 거래에 자문을 제공했다. ING생명의 지분 일부 매각, AXA의 교보자동차보험 인수, HSBC의 하나생명 지분 인수 등 국내에서 이루어진 보험회사 인수·합병 거래의 대부분이 김앤장 보험 그룹의 손을 거쳤다고 해도 과언이 아니니다.

김앤장의 보험 그룹은 또 국내 기업의 해외 기업 인수 때 필요한 보험 자문활동에도 적극 나서고 있다. 두산그룹이 미국의 밥캣을 인수할 때 국제적인 보험중개인을 지휘하며 인수회사의 리스크 관리업무를 지원했다.

변액보험, 부동산권원보험, 모기지보험 등 선진 보험상품을 도입할 때 국내법에 맞게 구성하도록 필요한 자문을 해주고, 방카슈랑스 제도가 도입되자 그 효용성의 홍보와 함께 국내 금융환경에 맞는 제반 규제를 마련할 수 있도록 자문활동을 전개하는 등 신규 보험상품이나 제도의 도입에도 적극 관여하고 있다.

종합해서 이야기하면, 보험회사와 지점의 인허가, 보험회사 인수 및 합작거래, 보험법령과 보험회사 검사에 대한 자문, 재보험, M&A에 있어서의 보험자문, 보험 관련 소송 및 중재 등의 업무를 수행하고 있다.

수천 명의 보험 가입자가 소송을 낸 이른바 백수(白壽)보험 소송이 보험 그룹이 수행한 대표적인 소송으로, 판사 출신의 박성하 변호사 등이 나서 사실관계를 파헤치고 탄탄한 법리를 세워 보험회사의 승소를 이끌어냈다. 법원행정처 송무심의관과 대법원 재판연구관을 역임한 이태섭 전 서울남부지법 부장판사와 사법연수원 기획총괄교수 출신의 이윤식 변호사가 2007, 2008년 잇따라 보험 그룹에 합류해 송무 쪽의 역량이 더욱 강화되었다.

기업일반

기업일반 또는 일반 기업자문 분야는 어느 로펌에서나 금융과 함께 양대 축을 이루는 업무분야로, 회사법 분야라고도 한다. 금융 못지않게 역사가 오래되었으며, 로펌에서 차지하는 업무 비중도 금융 이상으로 높다. 한국 로펌들의 경우 외자유치를 위한 은행 론(loan)에서부터 국제변호사 업무가 시작되었다는 연혁적인 사정이 있지만 기업법무 하면 회사법 분야를 빼놓고 이야기할 수 없다.

한마디로 금융을 제외한 기업 활동 전반을 다룬다고 할 수 있다. 기업의 활동범위가 넓은 만큼 수많은 세부 전문분야가 갈라져 나가고 있다.

1979년부터 금융과 기업일반 즉, 회사법 분야로 업무가 나뉜 김앤장의 경우 건설, 공정거래, 관세 및 국제통상, M&A, 기업 지배구조, 도산 · 기업회생, 방송 · 통신, 부동산, 부패방지 · 준법감시, 사모투자, 에너지 · 자원, 엔터테인먼트, 외국인투자, 인사 · 노무, 제약 · 식품 · 의료, 해외투자, 환경 등의 분야를 기업일반에서 소개하고 있다. 기업일반이란 큰 그룹으로 묶여 있지만 금융 그룹보다는 개별 분야의 업무독립성이 상대적으로 강하다고 할 수 있는 게 이 분야의 특징이다. 또 공정거래, M&A 등은 별도의 전문분야로 굳어 졌다고 해도 될 만큼 업무의 비중이 높고, 관련 법률서비스 또한 더욱 전문적인 수준으로 발전을 거듭하고 있다.

또 도산·기업회생, 사모투자 등은 기업일반과 함께 금융 그룹으로도 분류되고 있는데, 그만큼 양쪽 분야의 성격을 모두 갖고 있기 때문이다. 도산·기업회생은 법원과 관련된 일이 많아서인지 송무 그룹에서도 업무분야 중 하나로 소개하며 중시하고 있다.

변호사들도 금융과 회사법을 넘나들며, 또는 기업일반 내에서도 여러 업무분야에서 활약하는 사람이 적지 않다. 금융이란 한울타리로 묶는 게 용이한 금융 그룹 내에서도 여러 업무분야에 걸쳐 업무를 수행하는 변호사들이 많다. 김앤장 변호사들의 경우 대부분이 2~3개 이상의 전문분야를 가지고 각각의 전문성을 심화해 나가고 있다.

금융 전문 변호사는 분석적인 사고가 중요한 반면 회사법 전문 변호사에겐 전반적으로 기업활동을 꿰고 앉아 필요한 때 지혜로운 답을 줄 수 있는 탄력적인 사고가 요구된다는 말도 있으나, 이 또한 절대적으로 구분 지을 일은 아닐 것이다.

일찌감치 금융과 기업일반으로 업무가 나뉜 김앤장엔 김용갑, 정경택 변호사와 현천욱, 전강석, 박상렬, 최동식, 김경태, 오연균, 변영훈, 김원정, 김기영, 박성엽 변호사 등 쟁쟁한 변호사들이 기업일반 분야를 맡아 후배들을 지휘하고 있다. 물론 수많은 변호사가 두텁게 층을 이루고 있다. 얼마 전 서울대 교수로 옮긴 신희택 변호사도 다양한 M&A 거래에 자문하는 등 회사법 분야에서 활약했다.

기업 인수·합병

국내는 물론 아시아·태평양 지역에서도 선두권을 달리고 있는 김앤장의 M&A 그룹은 1990년대 중반 만들어졌다. 국내 로펌 중 최초이며, 아직 M&A라는 용어 자체가 생소했을 만큼 기업들 사이에 M&A 시도가 활발하지도 않았다.

김앤장은 그러나 외국의 사례를 집중 연구하고, 젊은 변호사를 외국에 보내 외국의 발달한 M&A 기법 등을 배워오도록 하는 등 다가올 M&A 시대에 미리 대비했다.

1991년 김영무 변호사가 전강석 변호사와 함께 《경영의 高度技法 M&A》라는 책자를 발간한 것만 보아도 김앤장이 M&A 업무에 얼마나 신경을 써 왔는지 잘 알 수 있다. 두 저자는 이 책에서 "국내 기업의 해외진출형태로서 가장 보편적인 방식으로 일컬어지는 것은 해외의 기업을 인수하는 것으로서 소위 M&A라고 불리는 인수방식"이라고 지적하며, 해외진출의 방식으로 M&A를 추천하고 있다. 또 "M&A는 그 복잡성과 다양성으로 인해 많은 법률문제를 지니고 있다"고 설명하고, "이러한 모든 문제에 대한 정확한 판단 없

이는 효과적인 기업인수라는 것은 사실상 불가능한 것"이라고
M&A 실무의 중요성을 강조하고 있다.

김앤장이 예견한 대로 IMF 외환위기를 전후해 M&A 거래가 활
성화되기 시작했다. '자본주의의 꽃'으로 불리는 M&A 시대가 본
격 열리게 된 것이다. 김앤장의 변호사들이 물 만난 고기처럼 수많
은 M&A 거래의 법률대리인으로 나섰다. 이어 한국 경제의 발전과
함께 M&A 그룹이 김앤장 내에서도 가장 주목받는 전문 그룹의 하
나로 발전을 이어가고 있다. 김앤장이 국내는 물론 일본을 제외한
아시아·태평양 지역의 M&A 자문순위에서 최정상의 위치를 차지
하고 있는 것은 결코 우연한 결과가 아닌 것이다.

김앤장의 M&A 그룹은 무엇보다도 조세, 금융, 노동, 환경, 부동
산 등 각 분야의 전문가와 함께 팀을 꾸려 M&A와 관련된 원스톱
서비스를 제공할 수 있는 기반을 갖추고 있다는 점을 내세운다. 오
랜 기간에 걸쳐 형성된 각 분야의 두터운 전문가 층이 M&A와 같은
복합적인 거래에서 시너지를 내고 있다는 의미로, 김앤장의 이러한
원스톱 토털 시스템은 여러 로펌의 집중적인 벤치마킹 대상이 되고
있다. 또 여러 건의 M&A를 수행할 수 있을 만큼 풍부한 전문가 풀
도 김앤장의 자랑 중 하나. 김앤장엔 전문변호사를 포함해 150명
이상의 M&A 전문가가 포진하고 있다.

초창기부터 합작투자 등의 분야에서 활약한 정경택 변호사가 좌
장을 맡아 후배들을 이끌고 있다. 1980년 김앤장에 합류한 정 변호
사는 1983년 GM과 대우자동차의 합작투자, 1991년 사우디 아람

코와 쌍용정유의 합작투자, 미 AT&T와 LG의 광통신 케이블 사업, GE와 삼성의 의료기기 사업, P&G의 쌍용제지 인수 등 한국 경제사에 한 획을 그은 수많은 거래를 주도했다. 인터브루의 OB 합작투자, Abitibi, Norske사의 한솔제지 합작투자, Duracell의 로케트전지 사업인수 등의 거래도 맡아 처리했다.

공정거래법의 전문가이기도 한 그는 1985년 미 하버드 로스쿨로 연수를 다녀왔으며, 하버드 로스쿨을 마친 후 M&A 거래에서 공격자 대리로 유명한 스캐든 압스 뉴욕사무소에서 경험을 쌓았다. M&A와 함께 공정거래 분야도 관장하고 있다.

이어 노영재, 박성엽, 안재홍, 황창식, 박종구, 김형두, 허영만, 고창현, 서정걸 등 쟁쟁한 변호사가 포진해 M&A의 실무주역으로 맹활약하고 있다. 현천욱, 박상열, 최동식, 오연균 변호사 등은 각각 노동, 환경, 방송·통신, 부동산 등의 전문가로, 관련 이슈가 있을 때마다 M&A 팀을 지원하고 있다.

서울대를 나와 예일대 로스쿨로 연수를 다녀온 노영재 변호사는 뉴욕의 Davis Polk&Wardwell에서 경험을 쌓았다. 항도종금, 신성무역 M&A와 미 제미니스(Seminis)의 흥농종묘, 중앙종묘 인수, 페어차일드의 삼성전자 사업인수, Amkok의 아남반도체 광주공장 인수 등이 그가 관여한 대표적인 M&A 사례로, 외국 펀드의 국내기업에 대한 투자에서도 수완을 발휘하고 있다. 살로몬 브라더스, 스미스 바니 등 외국 금융기관의 국내 합작투자 증권사, 투자신탁회사 설립 때도 자문을 제공했다.

　IMF 때인 1998년 대상그룹이 라이신 사업부문을 독일 바스프에 매각할 때 대상 측을 맡아 맹활약한 박병무 변호사도 수많은 M&A 거래에 참여한 이 분야의 전문가로 통한다. 그는 기업의 CEO가 돼 기업경영을 직접 체험한 후 김앤장에 복귀했다가 지금은 다시 사모펀드인 보고펀드의 대표로 활약하고 있다.

　김앤장 M&A 그룹의 사건파일을 들춰 보면, IMF 때인 1998년 볼보가 삼성중공업의 건설중장비 부문을 인수하는 거래를 성공적으로 처리한 것을 비롯해 대상그룹의 라이신 사업부문 매각(1998), 씨티그룹의 한미은행 인수(2004), 두산그룹의 밥캣 인수(2007), 금호아시아나의 대우건설 인수(2006), 한국투자공사의 미국 메릴린치 투자(2008), MBK 파트너스의 C&M 인수(2008), 두산중공업이 체코의 발전소 터빈 원천기술업체인 스코다파워 지분 100%를 4억 5,000만 유로에 인수한 거래(2009) 등 김앤장이 맡아 수행한 국내외 수많은 거래가 소개되고 있다.

　특히 두산 쪽을 맡아 전 세계 27개국에 73개 법인을 운영하는 글로벌 기업 잉거솔랜드의 밥캣 인수를 대리한 것은 국내 로펌이 외국 로펌을 지휘하며 자문을 주도한 사실상 최초의 사례여서 더욱 관심을 끌고 있다. 김앤장은 이 거래에서 주 자문로펌의 역할을 맡아 거래 전체를 총지휘했다.

　김앤장은 이런 실적 등을 바탕으로 일본을 제외한 아시아·태평양 지역의 M&A 거래 순위에서 매년 상위권에 랭크되고 있다. 2008년 2위에 이어 2009년엔 전체 1위를 기록하는 성과를 거두었다.

변호사들도 마찬가지로 높은 평가를 받고 있다. 외국의 법률잡지 등으로부터 노영재, 박종구 변호사 등 김앤장의 M&A 전문가들이 높은 평가를 받아 단골로 소개되고 있다.

두산그룹의 밥캣 인수 때도 활약한 박종구 변호사는 해외 M&A 시장에서도 실력을 인정받고 있는 전문가로, 우연한 계기로 M&A 분야에 특화하게 되었다고 한다. 박 변호사가 미시건 로스쿨에 이어 Cleary, Gottlieb, Steen& Hamilton 뉴욕사무소에서 근무를 마치고 돌아온 1997년 국내에선 IMF 외환위기가 터져 M&A 거래가 급증하기 시작했다. 그는 이것저것 가릴 것 없이 곧바로 M&A 사건에 투입돼 밀려드는 업무를 처리했다. 칼라일그룹의 한미은행 지분 매각, LS전선의 미국 수페리어 에식스 인수 등에 참여했으며, 얼마 전부터 늘어나고 있는 국내 기업의 해외기업 인수거래에서도 두각을 나타내고 있다.

박 변호사는 "국경을 넘나드는 크로스보더 M&A의 경우 예상치 않은 여러 이슈가 발생할 수 있어 상시 대응체제를 갖추는 게 특히 중요하다"고 지적하고, "인수합병 후 통합하는 PMI(post-merger integration) 단계까지 자문해야 하는 경우가 많다"고 M&A 자문의 최근 경향에 대해 설명했다.

공정거래

공정거래 분야도 김앤장이 높은 전문성을 자랑하는 핵심 업무분야의 하나다. 최근 들어 전 세계적으로 경쟁법 분야의 집행이 강화되며 로펌의 중요 업무분야로 더욱 강조되고 있다.

50여 명의 변호사가 두텁게 포진한 가운데 M&A 그룹과 마찬가지로 정경택 변호사가 총괄 지휘하고 있다. 특히 경제학자, 공정거래 실무에 밝은 전문인력이 가세해 높은 승소율 등 다른 어느 로펌보다도 탁월한 성과를 내고 있다고 정 변호사가 소개했다. 한국개발연구원(KDI) 연구위원을 역임한 신광식 박사와 정보통신정책연구원(KISDI) 출신의 홍동표 박사, 김병일 전 공정거래위 부위원장, 이동규 전 공정거래위 사무처장 등이 변호사들을 도와 시너지를 높이고 있다.

정 변호사는 하버드 로스쿨 유학시절 반독점법을 연구한 이 분야의 전문가로, 우리나라의 공정거래법 입안에 참여하기도 했다.

또 서울대 법대와 사법연수원 15기 동기인 안재홍, 박성엽 변호사와 황창식, 윤성주, 박익수, 박한우, 서정, 송재우, 임용 변호사 등이 분야를 나눠 실무를 챙기고 있다.

안재홍 변호사는 미시건대 로스쿨에서 공정거래법을 전공했다. 미국의 Proskauer Rose Goetz&Mendelsohn에서 반독점법 분야의 경험을 쌓았으며, 공정거래위원회 국제협력분과위원회 위원과 카르텔자문위원으로도 활약하고 있다. 보험 분야도 매우 밝다. 2010년 2월 파리에서 열린 국제카르텔워크숍(International Cartel Workshop)에 참석해 경쟁당국의 카르텔 조사에 대한 대응을 주제로 강연하기도 했다.

또 제25회 사법시험에 차석합격한 박성엽 변호사는 공정거래 사건에서 승률이 높기로 유명한 변호사다. 명쾌한 논리가 일품이며, 1995년 어느 건설업체의 하도급법 위반 사건에서부터 2009년 4월 미국 마이크론사에 대한 반도체 담합 건에 이르기까지 그동안 수많은 공정거래 사건에서 성공적인 결과를 이끌어 냈다. 1993년 콜롬비아 로스쿨로 연수를 떠나 미국의 반독점법을 전공했으며, 공정거래위 하도급자문위원, 경쟁정책자문위원, 표시·광고심사자문위원 등을 역임했다. 또 공정위 자체평가위원회 위원과 방송통신융합추진위 전문위원으로도 활약하고 있다.

김앤장의 공정거래 그룹에 따르면, 기업결합, 카르텔, 수평적·수직적 영업 관련 약정, 시장지배적 지위 남용, 자율준수 프로그램, 산업 부문 특별규제 등 경쟁법 분야의 모든 영역에서 높은 수준의 서비스를 제공하고 있다. 또 판, 검사 출신의 변호사 등과 함께 공정거래위원회의 결정에 불복하는 소송, 공정거래법 위반 관련 손해배상청구소송 등을 수행하고 있으며, 형사 절차에서도 고객을 밀착 변호하고 있다.

2004년 이후 2009년 8월 31일까지 공정위의 행정처분에 불복하는 67건을 수임해 판결이 확정된 사건을 기준으로 21건에서 승소했을 만큼 매우 높은 승소율을 자랑한다. 2009년 4월 국내의 대표적인 할인점이 다른 회사의 점포를 인수하는 기업결합사건에서 공정위의 시정명령을 취소하는 판결을 이끌어 냈으며, 디디오넷 등여러 업체가 끼워 팔기를 이유로 공정위로부터 시정명령을 받은 마이크로소프트(MS)를 상대로 제기한 거액의 손해배상청구소송에서 MS사를 대리해 원고의 청구를 막아냈다.

김앤장은 경쟁법 집행의 세계화 추세와 관련, 한국법뿐만 아니라 미국, 일본, 중국, 독일, 프랑스, 네덜란드, 스웨덴법 등에 대해서도 광범위한 자문을 제공할 수 있다고 소개하고 있다. 그만큼 여러 나라의 지식과 경험으로 무장한 전문가들이 포진해 국경을 넘나드는 국제거래 분야에서 두각을 나타내고 있다.

이런 활약 등이 쌓여 외국의 유명 법률매체들로부터 '최고 중의 최고(the best of the best)', '나머지 로펌보다 한 수 위(head and shoulders above the rest)' '항상 효율적이고 창조적인 솔루션을 제공하는, 다른 로펌의 벤치마킹 대상(a benchmark for the other local firms, always providing effective and innovative solutions)'이라는 등의 설명과 함께 탁월한 평가를 받고 있다.

방송 · 통신

김앤장의 방송 · 통신 전문 그룹은 1990년 초 구성됐다. 이 분야의 독보적인 전문가인 최동식 변호사의 지휘 아래 방송과 통신, 미디어에 관련된 인수합병 거래와 한국에서의 라이선스 취득, 당국의 규제, 개인정보 보호 및 전자상거래와 관련된 다양한 자문을 제공하고 있다.

2009년 12월 공정거래위원회가 경쟁제한성이 없다고 결정한 데이어 얼마 안 있어 방송통신위원회가 최종적으로 합병을 인가한 LG 텔레콤, LG데이콤, LG파워콤 등 LG그룹 통신 3사의 합병거래에 대한 자문이 방송 · 통신 그룹이 최근 수행한 대표적인 업무사례로 꼽힌다. 또 MBK 파트너스의 복수케이블TV방송사(MSO)인 C&M 지분 인수, 이베이의 옥션 인수, 브리티시텔레콤의 LG텔레콤 지분 인수, 뉴브리지와 AIG 컨소시엄의 하나로텔레콤 인수, 터너와 중앙방송과의 합작회사 설립 등 인터넷 오픈마켓과 방송과 통신 분야의 수많은 M&A 거래에 참여해 독보적인 경쟁력을 쌓아가고 있다.

최근 빈발하고 있는 인터넷과 방송 · 통신 등에 관련된 민 · 형사소송에서도 방송 · 통신 그룹의 변호사들이 적극 관여해 이름을 날리고 있다. 김앤장은 ID 도용 등과 관련해 제기된 민 · 형사사건에서 엔씨소프트를 대리했으며, 한국 최초의 IP 기반 TV 서비스의 출시와 관련된 케이블 TV사의 고발 사건에선 하나로텔레콤을 변호했다. 또 해킹으로 인한 옥션의 회원정보 유출과 관련, 옥션 회원 14만 6,000여 명이 낸 손해배상청구소송에서 옥션을 맡아 원고의 청구를 모두 기각하는 승소판결을 이끌어 냈다.

방송통신위원회의 방송사업자 인허가, 인터넷 법률 및 전자상거래, 각종 방송 규제에 관한 이슈에 대해서도 활발하게 자문을 제공하고 있으며, 방송통신위원회 심의사건에서 통신 및 미디어 회사를 변호해 좋은 성과를 이끌어 내고 있다.

1985년 김앤장에 입사한 최동식 변호사가 이 분야를 개척한 주인공이다. 그동안 수많은 통신프로젝트에 참여했다. 제2통신 사업자 선정(신세기) 프로젝트와 전국 PCS 사업자 선정, 전국 TRS 사업자 선정, 벨 캐나다(Bell Canada)의 한솔PCS에 대한 투자, 이리듐 프로젝트(저궤도 위성사업)에 관련 자문을 제공했으며, 한국통신, 데이콤, SK텔레콤, 신세기통신 등 주요 통신업체의 각종 장비거래에 관련된 계약도 최 변호사 팀의 손을 거쳐 완성됐다. 블룸버그 등 외국통신사 등도 한국에서의 법률자문이 필요하면 그를 찾을 정도로 해외에도 명성이 자자하다.

이경윤, 김진환, 박남준 변호사 등이 최동식 변호사를 도와 정보·통신 분야에서 맹활약하고 있다. 이경윤 변호사는 서울대 법대를 나와 제34회 사법시험에 합격했다. 스탠포드 로스쿨에서 LL.M.을 취득하고, 뉴욕주 변호사가 되었으며, 2011년부터 방송통신 분야의 법제처 국민법제관으로 활약하고 있다.

환경

　최근 들어 환경문제가 M&A의 전제조건으로 일컬어질 만큼 중요성이 더해지고 있다. M&A 거래에서 환경문제를 도외시했다가 나중에 큰 곤란을 겪는 경우가 적지 않게 발생하고 있다. 기업이 사업상의 결정을 함에 있어서도 환경문제는 반드시 고려해야 할 주요 요인으로 대두되고 있다.

　1990년대 초 발족한 환경 그룹은 박상열 변호사의 지휘 아래 20여 명의 변호사와 전문가 등으로 구성돼 있다. 환경, 보건, 안전관리와 관련된 법률 사안 전반에 관한 서비스를 제공하고 있다. 또, 다수의 과학 전문가가 함께 참여해 학문적, 기술적인 지원을 하고 있다고 박 변호사가 소개했다.

　박 변호사는 제21회 사법시험에 합격해 군법무관을 마친 1984년 김앤장에 합류했다. 일찌감치 이 분야를 전공, 오래전부터 환경분야의 전문변호사로 활동하고 있다. M&A 계약서에 박 변호사의 사인이 들어가야 비로소 거래가 마무리된다고 할 만큼 환경에 관한 독보적인 경쟁력을 발휘하고 있으며, 아람코가 쌍용정유에 투자할 때 자문하는 등 주요 M&A 거래에서 환경에 관련된 자문을 수행하고 있다. 콜롬비아대 로스쿨로 유학을 다녀왔으며, 스캐든 압스 뉴욕사무소에서 실무를 익혔다.

　이어 황창식, 송재우, 이윤정, 김주진 변호사 등이 환경 분야의 전문변호사로 활약하고 있다. M&A 분야에서도 이름이 많이 알려진 황창식 변호사는 하버드 로스쿨에서 환경법을 연구했다. 국내외 기업 간의 M&A 사건에서 환경 쪽을 맡아 단골로 참여하고 있으며, 노바티스의 동양화학 농약 부문 인수 거래에서 활약했다. P&G의 쌍용제지 인수, 한라제지와 보워터 간 사업 양도 때도 관여했다.

김앤장 환경 그룹은 최근 들어 정부가 적극 추진하고 있는 기후변화프로젝트에 조언하며 이름을 날리고 있다. 우리 정부가 1993년의 기후변화에 관한 유엔 기본협약과 2002년 교토 의정서를 비준한 이후 관련 법령과 프로젝트를 체계화하는 과정에 참여했으며, 세계에서 가장 큰 CDM(청정개발체제) 프로젝트 중의 하나로 평가되는 로디아 에너지 코리아의 경남 온산공장에서의 이산화질소(N_2O) 경감 프로젝트, 국내 최초의 탄소기금 프로젝트에서도 법률고문으로 활약했다.

환경자원공사 고문변호사로도 활약하고 있는 이윤정 변호사는 "로디아사가 실시하고 있는 청정개발 프로젝트인 이산화질소 감축 사업이 우리나라의 규제에 맞도록 법률자문을 제공하고, 세제 혜택가부 등에 대해 검토했다"고 소개했다. 또 "탄소기금 프로젝트의 쟁점 중 하나가 탄소가 법률적으로 투자의 대상에 해당하는지 여부"라며, "국내에서도 환경펀드에 대한 관심이 증가하고 있다"고 말했다.

이 변호사는 사법시험에 합격한 데 이어 런던대에서 법학석사 학위를 받았다. Allen&Overy 런던사무소에 파견근무하기도 했다.

부동산

　상업용 건물의 매매와 부동산 건설, 개발 등의 업무를 수행하는 부동산 분야도 김앤장의 주요 업무분야로 각광받고 있다. 육군 법무관을 거쳐 1985년 입사한 오연균 변호사의 지휘 아래 국내 최고 수준의 경쟁력을 자랑하고 있다.

　오 변호사는 한국을 대표하는 최고의 부동산 전문 변호사 중 한 사람으로, 서울대 법대를 졸업하던 해인 1980년 제22회 사법시험에 합격했다. 콜롬비아대 로스쿨로 해외연수를 다녀왔으며, 뉴욕주 변호사 자격도 갖추고 있다.

　오 변호사가 팀장을 맡아 약 15년 전 발족한 부동산팀은 처음엔 외국회사가 국내에 짓는 플랜트, 공장 관련 업무에 대한 자문을 주로 담당했다. 지방자치단체와 협조해 새로 산업단지를 개발해 입주시키거나 공장입지 승인을 받아 공장 플랜트를 건설하고, 공유수면 매립지에 공장을 유치하는 업무 등을 수행했다.

　바스프, 듀폰과 아코, 모토로라, 화이자 등이 김앤장 부동산팀의 도움을 받아 한국에 관련 공장을 건설하고 진출했다. 공장이나 플랜트 건설은 보통 3~4년 정도의 기간을 필요로 하는 데다 부지 취득과 개발, 설계, 건설, 토목, 장비와 기자재의 반입, 준공, 시운전, 가동 등 단계마다 법률적 검토와 자문이 필요한 대목이 하나둘이 아니어서 부동산 분야의 변호사들이 현장에 나가 살다시피 했다고 한다.

　2000년대에 들어와서는 부동산팀의 변호사들이 금융기관이 보유하고 있는 저당권과 저당권부 채권을 유동화하는 일을 많이 했다. 또 기업의 부동산을 수익자산으로 변경하거나 처분해 유동성을 높이는 일을 지원했다. BIS비율을 맞춰야 하는 은행들도 이에 대한 수요가 커 관련 업무가 이어졌다. 부동산팀의 변호사들이 비유동성 고정자산의 처분을 통한 기업 및 은행의 구조조정에 한 몫을 담당하게 된 것이다.

오 변호사와 함께 김경태, 김형두, 유관식 변호사 등이 팀을 이뤄 수많은 부동산거래를 뒷바라지 하고 있다. 서울의 강남, 강북에서 가장 큰 오피스 건물인 서울파이낸스센터와 강남파이낸스센터 거래에 자문했으며, 극동빌딩, 금호생명빌딩, 뉴코아 강남점 등은 부동산투자회사(REITs) 구조를 통해 매매를 성사시켰다. 최근 10여 년 사이에 국내에서 이루어진 대형 상업용 빌딩의 매매와 개발사업의 대부분이 김앤장을 거쳤다고 할 만큼 이 분야에서 독보적인 경쟁력을 자랑하는 곳이 부동산팀이다.

부동산 개발 분야에선 국내에서 제일 큰 용산 국제업무지구 프로젝트, 여의도 파크원 프로젝트, 송도 포트만 프로젝트, 영종도 캠핀스키 프로젝트 등이 김앤장 부동산팀에 의해 추진되고 있다.

부동산 실물거래에 대한 해박한 지식과 함께 관련 분야 변호사들의 협력 아래 파이낸싱, 조세 등 부동산과 관련된 주요 이슈를 한꺼번에 해결하며 고객이 의도하는 바를 충족해 나가고 있다고 김형두 변호사가 설명했다.

김앤장은 구 간접투자자산운용업법에 따라 설정된 M부동산투자신탁 4호와 6호를 대리해 2009년 11월 서울 강남구 대치동에 소재한 지상 20층 지하 6층의 업무시설인 퍼시픽타워 빌딩을 국내 법인에 매각하는 거래를 성공적으로 수행했다. 두 개의 투자신탁이 각각 공유지분으로 소유하고 있던 부동산을 매각한 거래인데다 국내 부동산 시장이 어려운 가운데 계약이 체결돼 더욱 의미가 큰 거래였다.

서울대 법대를 나와 버지니아대 로스쿨에서 LL.M.을 한 김형두 변호사는 "두 투자신탁의 자산운용회사를 대리해 매수의향서를 제출한 자에 대한 인터뷰를 수행하고, 우선협상대상자를 선정하는 절차를 포함해 거래 전반에 대해 자문했다"고 소개했다. 김 변호사는 뉴욕주 변호사 자격도 갖추고 있으며, Proskauer Rose 뉴욕사무소에서 경험을 쌓았다.

건설

건설팀에선 국내외 개발사업, 민간투자사업, 프로젝트 파이낸싱 사업 등과 관련된 일체의 법률자문을 제공하고 있다. 또 재개발, 재건축과 관련된 분쟁의 해결, 건설 특유의 소송, 중재, 형사, 행정사건 등에 대한 법률자문 및 소송대리를 수행한다.

실무를 주도하고 있는 류용호 변호사는 "건설 산업은 일반산업과 달리 기술, 사람, 자본 등이 복합적으로 연계된 분야로 매우 복잡하고 다양한 법률적 문제가 발생하고 있다"며, "공사대금, 하자 관련

분쟁과 함께 본격적인 현장 시공에 앞선 각종 인허가 문제의 해결
도 건설팀에서 수행하는 주요 법률자문의 하나"라고 소개했다. 류
변호사는 서울지법과 서울행정법원 판사 등을 거쳐 김앤장에 합류
한 이 분야의 전문가로, 세계 유수의 로펌들을 평가하는 한 외국 회
사로부터 2009년도 세계적으로 추천할 만한 건설 전문 변호사 7명
중 1명으로 뽑히기도 했다.

김앤장의 건설팀엔 또 류 변호사처럼 법원과 검찰에서 경력을 쌓
은 재조 출신 변호사가 여러 명 포진해 이 분야에서 잔뼈가 굵은 전
문변호사들과 함께 높은 시너지를 내고 있다. 판사 출신인 박종욱,
윤치삼, 김삼범, 임성훈, 유상현, 장현주 변호사와 검사 출신의 오
세헌, 이동호, 이동재, 허용행, 임윤수 변호사 등이 건설 관련 분쟁
에 많이 관여한다.

수도권에서 생긴 물류센터 붕괴사고와 관련한 형사 사건에서 S사
를 변호해 무죄판결을 받아내고, 발전소 건설공사의 컨소시엄 구성
원 간의 손해배상청구소송에선 D사를 대리해 전부 승소하는 등 건
설팀의 사건파일엔 수많은 성과가 소개되고 있다. 또 다른 대형 유
통단지의 턴키(turnkey) 공사에 관련된 형사사건에서도 무죄판결과
함께 관련 건설사가 영업정지 및 입찰참가자격 제한 등 관련 행정
제재를 받지 않도록 하는 유리한 결과를 이끌어 냈다.

김앤장 내에서도 가장 빠르게 성장하는 팀 중의 하나로 평가받고
있는 건설팀은 최근 늘어나고 있는 국내 기업의 해외개발사업에
활발하게 참여하고 있다. 건설팀의 전문인력과 함께 외국 유명 로

펌과의 긴밀한 유대관계를 활용해 고객에게 수준 높은 서비스를 제공하고 있다고 판사로 활약하다가 2006년 김앤장에 합류한 김삼범 변호사가 소개했다.

엔터테인먼트

1980년대 중반부터 관련 법률실무를 확립하기 시작한 엔터테인먼트팀도 막강한 전문가 그룹을 가동하고 있다.

김기영 변호사를 좌장으로, 신현욱, 이동환 변호사와 저작권 등 지적재산권과 인터넷, 미디어 관련 분쟁해결에 많은 경험을 보유하고 있는 김대호, 조성진 변호사 등이 활발하게 움직이고 있다. 또 김앤장에 합류하기 전 정보통신부와 방송통신위원회에서 경력을 쌓은 박민철 변호사와 행정고시에 합격해 문화관광부에서 근무하기도 한 신창환 미국변호사는 엔터테인먼트 콘텐트와 미디어, 통신, 방송 관련 각종 규제 및 전략적 대응에 탁월한 능력을 발휘하고 있다. 이석희, 이성수 변호사는 엔터테인먼트 자산의 라이선싱과 관련된 다양한 범주의 사안에 폭넓은 자문을 제공하고 있다.

김기영 변호사는 UC버클리대 Boalt Hall 로스쿨에서 LL.M.을 했으며, Shearman&Sterling 뉴욕사무소에서 경험을 쌓았다.

엔터테인먼트팀은 엔터테인먼트, 스포츠, 미디어 분야의 기업을 대상으로 하는 일반적인 기업자문은 물론 라이선싱, 권리관계 등에 대한 법률실사, 저작권 및 기타 지적재산권 침해에 대한 대응 등 광범위하게 업무를 수행하며 높은 경쟁력을 발휘하고 있다. 영화 제작 및 텔레비전 방송사, 엔터테인먼트 그룹, 음반회사, 미디어 제작사와 배급사, 국제 미디어·케이블 통신망 사업자, 라디오와 음악 방송사, 애니메이션 개발회사, 소프트웨어 및 게임 회사, 엔터테인먼트 창업투자자 등이 모두 엔터테인먼트팀에서 서비스를 제공하는 주요 고객 기업이다.

김기영 변호사는 "초기 시장전략에서부터 최종 사업거래를 위한 협상 및 자금조달에 이르기까지 모든 과정에서 전략적 지원을 제공하고 있다"고 설명했다. 또 "영화, 텔레비전, 뮤직 비디오, 인터넷 및 기타 미디어 관련 권리관계에 대한 조사, 국내에서 예정된 라이선스 부여 또는 배급 대상 자산에 대한 권리의 보호 등 여러 분야에서 폭넓은 경험을 보유하고 있다"고 덧붙였다. 라이선싱의 경우, 라이선스 계약의 체결, 제작 및 배급권 관리, 판매 대리점 계약 체결, 국제 엔터테인먼트사와 연예인 관련 지적재산권의 라이선스 부여 등 다양한 사안을 다루고 있다.

김앤장의 엔터테인먼트 변호사들은 1980년대 이래 해외 유수의 영화 제작사와 배급사, 주요 음반회사, 텔레비전 및 방송사 등을 대리해 한국 내에서의 자회사 및 합작투자회사 설립을 지원했다. 국제투자계약, 라이선싱 계약 체결 등에 자문을 제공해 왔으며, 국내 최초로 외국계 영화제작사의 한국 영화에 대한 직접투자에 자문하는 등 최근 들어 서비스 영역을 더욱 넓혀가고 있다. 시청자들로부터 높은 인기를 끌었던 KBS의 인기드라마 '아이리스'를 둘러싼 저작권 분쟁, 탤런트 이병헌씨 명예훼손 고소 사건 등에도 자문을 제공했다.

김앤장 엔터테인먼트팀은 다국적 거래와 관련된 법률자문에 있어 특히 리더로서의 위치를 차지하고 있다. 인터넷과 신기술, 미디어 등의 불법복제에 대해서도 적절한 대책과 솔루션을 제공하고 있다고 신현욱 변호사가 소개했다.

인사 · 노무

기업의 인사 · 노무에 관련된 종합적인 법률서비스를 제공하는 인사 · 노무(Human Resource)팀은 탁월한 전문성으로 국내외에 이름이 높다. 'Fortune 500'에 의해 한국 내 최고의 HR 전문가 그룹으로 선정되었으며, 영국 런던의 유러머니사가 선정한 '세계의 선도적 노동법 전문가 그룹'에 등재되기도 했다.

이 분야 최고의 전문가로 손꼽히는 현천욱 변호사가 변호사 등 약 60명의 전문가를 이끌고 있다. 사시 18회에 합격해 1981년부터 김앤장에서 활약하고 있는 현 변호사는 정부의 노동법 개정에 자문했으며, 노동법 관련 책을 우리말과 영문으로 펴내기도 했다. 하버드 로스쿨에서 LL.M.을 땄고 펜실베이니아대 와튼 스쿨의 KMC CEO 프로그램을 이수했다. 노동부 고문변호사와 주한 미상공회의소의 HR위원회 위원장을 역임하는 등 인사 · 노무 분야에서 맹활약하고 있다.

현재 노동부 고문변호사로 활약하고 있는 김원정 변호사와 엔터
테인먼트 분야에서도 이름을 날리고 있는 김기영 변호사가 현 변호
사를 도와 관련 실무를 챙기고 있다. 사시 23회의 김원정 변호사는
육군법무관을 마친 1986년 김앤장에 합류했다. 콜롬비아 로스쿨을
거쳐 Paul Hastings에서 경험을 쌓았다.

인사·노무팀은 기업의 설립, 인수합병 및 회사분할과 관련된 인
사·노무 문제와 단체협약, 노사교섭, 노사협의회 등 집단노사관계
와 협력적 노사관계에 대한 자문, 취업규칙, 근로·고용 관련 규정
및 정책, 근로계약, 산업안전 등 개별근로관계에 관한 자문 등 광범
위하게 업무를 수행하고 있다. 또 비정규직, 퇴직연금, 인사제도의
도입과 변경 등 다양한 분야에 걸쳐 자문을 제공함으로써 노사가
상생할 수 있는 제도의 정착에 힘쓰고 있다고 소개했다.

에너지·자원

포스코의 LNG 직도입과 심해유전 석유 합작사업(2005), 중국 샹
시(Shanxi) 발전소 프로젝트(2006), 필리핀 일리한 발전소 프로젝트
(2006), 러시아 석유 및 가스 시추 프로젝트(2006), 마다가스카르 구
리광산 프로젝트(2009), 태국과 파키스탄의 화력발전소 투자 프로
젝트(2009)….

김앤장의 에너지·자원팀이 소개하는 주요 업무사례 내용이다.

김앤장의 부동산 분야를 개척한 오연균 변호사가 에너지 · 자원개발 붐과 함께 이 분야에도 눈을 돌려 수많은 거래를 성공적으로 수행하고 있다. 그의 지휘 아래 변호사와 에너지 경제학자, 환경 전문가 등 20여 명의 전문가가 포진해 에너지 · 자원개발 프로젝트의 취득, 인수, 개발뿐만 아니라 관련 프로젝트에 관련된 금융, 인허가 취득, 합작계약, 토지의 취득, 지역민원 해결 및 협상 참여 등 기업이 필요로 하는 일체의 법률서비스를 제공하고 있다.

이미 오래전에 영국계 석유회사인 브리티시페트롤리엄(BP)의 울산 석유공장 건설, 독일 바스프사의 여천 석유화학공장 건설 등의 자문을 수행한 경험이 있는 오 변호사 팀은 얼마 전부터 국내 기업의 해외 프로젝트 자문에 적극 나서고 있다.

최근 중국에 거의 다 넘어갈 뻔한 카자흐스탄의 원유채굴권을 한국석유공사가 따 내는 데 혁혁한 공을 세워 또 한 번 유명해졌다. 3억 3,500만 달러(한화 약 4,000억 원) 규모의 카자흐스탄 원유채굴권 사업을 놓고 전개된 중국과 우리나라의 자원전쟁에서 승리를 이끌어 낸 것이다.

당시 중국 측에서는 무상으로 도로를 건설해 주고, 대규모 차관을 제공하겠다는 등의 혜택을 내걸었다. 카자흐스탄 정부도 구두로 계약에 합의해 놓은 상태여서 우리로서는 원유채굴권 확보가 쉽지 않은 상황이었다. 그러나 오 변호사는 이처럼 절대적으로 불리한 상황을 반전시켰다. 여러 차례에 걸친 현지 탐문과 전문가와의 논의를 통해 우리의 공정거래위원회에 해당하는 카자흐스탄의 반독점위원회가 계약 체결의 열쇠를 쥐고 있다는 사실을 알아냈다. 김앤장에선 곧바로 한국석유공사가 투자하는 프로젝트의 지분구조를 일부 수정해 다시 신청서를 제출했다. 카자흐스탄 반독점위원회의 승인 관문을 통과하기 위해 전략을 일부 수정해 추진한 것이다. 결과는 오 변호사 팀의 완승. 물량공세와 함께 원유채굴에 대한 독점적 권한을 고수해 온 중국을 제치고 우리가 사업권을 따냈다.

지식경제부는 2009년이 끝나기 직전인 12월 29일 한국석유공사가 두 개의 개발·탐사 광구를 보유한 카자흐스탄의 숨베(Sumbe)사의 지분 85%를 인수했다고 발표했다. 숨베는 카자흐스탄 서부지역에 아리스탄(Arystan), 쿨잔(Kulzhan) 광구를 보유하고 있으며, 아리스탄 광구의 원유매장량은 500만 배럴에 이른다.

김앤장의 변호사들은 대체에너지 분야에서도 발 빠르게 움직이고 있다. 태양열 발전소 투자자에 대한 전력판매권 인허가, 전북 최대 태양열 발전소 건설 프로젝트, 전남 연료전지 설비 건설, 가로림만 조력발전 건설 프로젝트 등을 맡아 자문을 수행 중에 있다.

산업자원부 공무원으로 EC집행위원회에 파견근무하기도 한 안완기 미국변호사 등이 오 변호사를 도와 에너지·자원 분야에서 중추적인 역할을 수행하고 있다.

"국가 간의 자원 확보 경쟁이 치열해지면서 원유, 가스나 광물 등의 해외 자원에 대한 투자가 급증하고 있습니다."

오연균 변호사는 "지구 온난화로 인한 대체에너지 개발 등의 분야에서도 자문 요청이 쇄도하고 있다"며, "에너지·자원팀의 역할이 더욱 늘어갈 것"이라고 전망했다.

해외투자

우리 경제가 발전하고, 기업의 해외진출, 해외투자가 늘어나면서 관련 법률서비스에 대한 수요도 급증하고 있다. 김앤장은 1980년대부터 세계 각 지역의 업무특성을 고려한 지역별 전문 그룹을 운영하고 있다. 1970년대 차관도입을 시작으로 외국 기업과 금융기관의 한국 진출을 대리한 김앤장이 이번에는 우리 기업의 해외진출을 안내하고 지원하는 법률조언자의 역할을 수행하며, 자문영역을 넓혀가고 있는 것이다.

이 분야를 관장하고 있는 전강석 변호사는 이미 이런 추세를 예상하고 오래전부터 준비해 왔다고 강조했다.

그는 1991년 김영무 변호사와 함께 펴 낸《경영의 高度技法 M&A》란 책에서 "좁은 국토와 부족한 자원이라는 환경에서 국내의 기업이 성장할 수 있는 길은 해외의 자원과 국내의 자본이나 기술력을 결합시켜서 효율의 극대화를 노리는 것에 있다"고 지적, 해외진출이 우리 기업이 나아갈 방향임을 명확하게 예견했다. 이어 "미국과 EC 등 선진제국의 보호무역주의로의 회귀 및 고도기술 이전 회피 경향은 한국 기업의 이러한 지역 내의 직접진출을 서두르게 하고 있으며, 더욱이 국내외 노동임금상승 등의 기업환경변화는 동구권이나 동남 아시아권 등 저렴한 노동인력의 확보를 위한 지역으로의 국내 기업 진출을 요청하고 있다"고 갈파했다.

요컨대 우리 기업이 법제도가 낯선 외국에서 성공적으로 사업을 추진하기 위해서는 한국 로펌의 조력이 반드시 필요하다는 판단에서 해외투자 분야를 집중 육성해 왔다는 것이 전 변호사의 설명이다.

가장 먼저 발족한 해외 전문팀은 일본팀이다.

자타가 인정하는 일본통인 김용갑 변호사가 유창한 일본어 실력을 바탕으로 1980년대부터 한·일 기업 간 M&A 거래 등에서 맹활약했다. 그는 1985년 일본의 유명 로펌인 Matsuo&Kosugi 법률사무소에서 경험을 쌓았으며, 진로의 일본 진출에 관여했다.

또 일본 기업의 동남아 진출 프로젝트를 여러 건 수행하는 등 한국변호사로서 일본 기업의 해외진출에 자문을 제공했다. 일본 회사를 맡아 우리나라와는 관련이 없는 일종의 3국 간 거래에 자문했다는 이야기로, 한국 로펌의 대표적인 법률서비스 수출 사례의 하나로 평가받고 있다. 김 변호사는 다이이치그룹의 의뢰로 동남아 개발프로젝트를 추진했다. 일본의 전자업체인 크라운의 요청으로 필리핀 수빅만의 현지 직접투자에도 참여했다.

이런 활약이 알려지며 김용갑 변호사는 김앤장은 물론 한국 로펌업계 전체에서 지역 전문 변호사의 개척자로 불리고 있다. 김 변호사의 뒤를 이어 일본에 유학했거나 일본 법률사무소에서 근무한 경력의 변영훈, 김재구, 조귀장 변호사 등이 김앤장의 일본팀에서 활약하고 있다. 또 최효성, 김요대, 한상익 공인회계사 등 일본 전문 변리사와 회계사, 세무사 등이 한 팀을 이뤄 관련 업무를 처리하고 있다.

변 변호사는 김용갑 변호사와 마찬가지로 Matsuo&Kosugi 법률사무소에서 근무했다. 도쿄대 대학원에서 법학석사 학위를 받은 김재구 변호사는 Matsuo&Kosugi와 Mori Hamada&Matsumoto 법률사무소에서 경력을 쌓았다. 부장판사 출신의 조귀장 변호사는 일본에서 태어나 서울대 법대를 졸업했으며, 판사 시절 일본 도쿄대 법학부로 연수를 다녀왔다.

전강석 변호사가 팀장을 맡고 있는 중국 쪽도 지속적으로 업무가 늘어나고 있는 중요지역으로 꼽는다. 미국과 함께 G2로 거론되는 등 중국의 국제적 위상이 높아지면서 국내 대기업의 중국 진출과 함께 김앤장의 대중국 업무가 갈수록 규모가 확대되고 있다.

김앤장에 중국팀이 발족한 때는 지금부터 10여 년 전인 1990년대 중반. 물론 중국 시장의 발전가능성을 미리 내다본 선투자의 결과다.

중국팀의 김종국 변호사는 "중국의 반독점법과 신노동계약법 때문에 곤란을 겪는 한국 기업의 수가 늘고 있다"며, "중국 사업을 할 때 흔히 법보다 '관시(關係)'가 중요하다는 말을 하곤 하는데 그것은 사실이 아니다"고 지적했다. 또 "중국이 1997년에 형법을 개정하면서 죄형법정주의를 확립하는 등 법치주의의 틀을 본격 갖춰가면서 관련 법률자문 수요가 급증하고 있다"고 덧붙였다.

김 변호사는 검사 시절 주중 한국대사관의 법무협력관으로 활약했으며, 베이징대에서 공부했다.

김앤장 중국팀엔 또 대만에서 학위를 취득하고 베이징 대사관, 상하이 총영사관, 타이완 대표처 등에서 상무관을 역임한 신명철 고문, 중국 반독점법 전문가인 박익수 변호사, 중국 현지 로펌에서 경력을 쌓은 조윤현, 김희정, 전기홍 변호사와 중국 로펌에서 다년간 근무한 경력의 중국변호사 등이 크고 작은 실무를 맡아 고객기업의 다양한 자문요청에 응하고 있다. 또 중국 전문 변리사, 회계사, 외환 전문가, 세금 전문가 등 다양한 경력의 전문가들이 변호사와 함께 자문에 나서고 있다. 2012년 초 오랫동안 법무법인 대륙아주의 상해사무소 대표로 활약한 최원탁 변호사가 합류해 전력이 더욱 보강되었다.

2000년부터 대리해 성공적으로 완수한 현대·기아차의 중국 합작프로젝트가 김앤장 중국팀이 수행한 대표적인 업무사례로 손꼽힌다. 이 외에 베이징에 있는, 한국 기업이 소유한 빌딩 중 하나로 유명한 현대자동차 빌딩 인수, 상해의 상해 미래에셋타워 인수, 두산인프라코어의 밥캣 인수에 따른 밥캣의 중국사업 인수, 두산인프라코어와 중국 유명 건설기계회사인 서공집단 사이의 중국 엔진회사 설립 프로젝트 등 우리 기업의 중국 진출 역사에 있어서 기념비적인 여러 프로젝트가 김앤장 변호사들의 손을 거쳐 성공적으로 마무리됐다.

또 최근에는 중국 반독점법의 시행과 관련, 중국 상무부 등에 적극 의견을 개진하는 방법으로 중국 반독점법의 세부 규정 마련에 참여해 주한 중국대사관으로부터 감사 서신을 받기도 했다.

김앤장의 중국팀은 김앤장의 국제적 명성과 신용을 바탕으로 중국에 사무소를 두고 있는 세계 유수의 로펌은 물론 중국과 대만, 홍콩, 마카오의 법률사무소와도 긴밀한 협조관계를 맺고 있다. 또 소속 변호사를 중국 현지 로펌에 파견해 본사와의 연계 아래 현지에서 법률서비스를 제공하도록 하는 한편 중국법과 중국 실무에 대한 연수기회로 활용하고 있다.

조윤현 변호사는 중국 최대 로펌인 King&Wood(金杜) 베이징사무소에서, 김희정, 전기홍 변호사는 Hankun(漢坤) 법률사무소에서 경력을 쌓았다. 조 변호사는 Paul Hastings 베이징사무소와 영국계 로펌인 Linklaters 베이징사무소에서도 근무했으며, 베이징에 있는 대외경제무역대학 법학원에서 방문학자로 연구하기도 했다.

중국과 일본에 이어 최근 국내 기업이 왕성하게 진출하고 있는 지역은 베트남 등 동남아 지역. 김앤장은 이 지역에 대한 투자와 관련해서도 폭넓게 자문하고 있다.

금호산업이 2006년 베트남 호치민시에 조성한 대규모 복합건물 프로젝트와 2007년 캄보디아 프놈펜시 북쪽에 건설한 캄코시티 도시개발 프로젝트, 2007년 국내 은행과 부동산 개발회사가 아랍에미리트의 두바이 비즈니스 베이 지역에서 벌인 부동산 개발사업 등이 모두 김앤장이 관여한 성공적인 해외투자 사례로, 김앤장은 그동안 축적된 프로젝트 파이낸스 기법을 활용해 국내외 채권단의 투자를 이끌어냈다.

김앤장은 이 외에 독일, 프랑스, 스웨덴 등의 유럽 지역을 전담하는 여러 파트를 가동 중에 있다. 또 한국석유공사를 대리해 카자흐스탄의 원유채굴권을 따내는 등 중앙아시아와 러시아, 중동 등의 지역에서도 활발하게 업무를 수행하고 있다. 얼마 전엔 국내 기업의 중남미 진출을 지원할 라틴팀을 창설했다.

한마디로 우리 기업이 가는 곳이라면 어디든 팀을 꾸리고 변호사를 배치해 그 지역에 걸맞은 자문을 준비하며 지역별 전문성을 강화해 나가고 있다고 할 수 있다.

전강석 변호사와 함께 해외투자 업무를 관장하고 있는 박상열 변호사는 "김앤장은 국내 기업의 해외진출 시 필요한 각종 투자구조의 선택, 외국 정부와의 정부지원 협상, 합작 파트너와의 투자계약 협상, 외국 기업과의 M&A 등 여러 분야에 걸쳐 충분한 경험을 축적하고 있다"며, "외국인투자, 세무, 노동, 부동산, 환경, 공정거래 등 해당 국가의 법적 환경과 정부 정책에 관한 정보를 바탕으로 현지 법률사무소와의 긴밀한 협조 아래 최적의 서비스 제공을 추구하고 있다"고 소개했다.

김앤장은 법원의 재판과 검찰 수사를 중심으로 변론활동이 전개되는 송무와 형사 분야에서도 막강한 경쟁력을 자랑한다. 국내 최대, 최강의 변호사들이 배치돼 최고 수준의 성과를 이끌어 내고 있다.

노벨상을 받은 미국의 유명 경제학자 등이 한국 법원에 증인으로 출석하며 높은 관심을 불러일으킨 키코 분쟁에서 김앤장이 씨티은행 등 여러 은행을 맡아 재판을 주도하고 있다는 것은 잘 알려진 이야기다. 2010년 2월 8일 서울중앙지법은 키코 상품을 판매한 은행 측에 과도한 위험성을 수반하는 거래를 적극적으로 권유하지 말아야 할 적합성의 원칙과 상품의 특성과 위험을 키코에 가입한 기업에게 명확하게 설명해 고객을 보호해야 할 설명의무를 위반한 점을 인정할 수 없다며, 기업의 손해배상청구를 기각하는 1심 판결을 선고해 김앤장 변호사들의 손을 들어 주었다.

또 해킹에 의해 개인정보가 유출된 인터넷 오픈마켓 옥션의 회원 14만 6,000여 명이 옥션 등을 상대로 낸 손해배상청구소송에서도 김앤장의 변호사들이 옥션을 맡아 원고들의 청구를 막아냈다.

김앤장의 변호사들은 이에 앞서 삼성 에버랜드의 경영진이 이건희 삼성 회장의 자녀에게 삼성 에버랜드 전환사채를 헐값에 배정한 행위가 무죄라는 대법원 전원합의체 판결에서 변호인으로 활약했다. 최근엔 한일합섬 인수와 관련 특정범죄가중처벌법상의 배임 등 혐의로 기소된 현재현 동양그룹 회장을 변호해 대법원에서 무죄 확정판결을 받아냈다. 이 사건은 특히 차입매수 즉, LBO(Leveraged Buy-Out) 방식의 M&A가 배임이 되느냐 여부를 놓고 뜨거운 논란이 일었던 사안으로, 기업 및 법조계의 비상한 관심을 끌었다. 대법원이 이에 대해 직접 판단하지는 않았지만 무죄판결이 내려져 주목되고 있다.

김앤장의 변호사들은 또 정몽구 현대자동차 회장과 박용성 전 두산그룹 회장, 최태원 SK그룹 회장, 김우중 전 대우그룹 회장 등이 기소된 형사사건에서도 검찰 수사 단계부터 변호를 맡아 언론의 집중적인 스포트라이트를 받았다.

요컨대 사건의 비중이 조금 크고 유명하다 싶은 사건이면 소송대리인 또는 변호인 란에서 김앤장 변호사들의 이름을 발견하는 게 어렵지 않다. 또 일선 기업체 등에서도 회사의 커다란 이해관계가 걸려 있거나 최고경영자 등이 관련된 중대 사안인 경우 국내 최대, 최고의 로펌인 김앤장에 자문을 구하는 경우가 압도적으로 많은 것으로 알려지고 있다.

송무·형사 분야의 경우 국제거래 등 기업자문을 중심으로 법률서비스를 시작한 로펌 업계의 속성상 기업자문보다 출발이 늦었다. 김앤장만 해도 1979년 대법원 재판연구관 출신의 이재후 변호사가 합류하며 본격적인 틀을 갖춰 나가기 시작한 것으로 알려지고 있다. 하지만 대기업 등이 관련된 민·형사 소송 등이 증가하고, 판, 검사 출신의 변호사가 잇따라 합류하며 비약적인 발전이 이어지고 있다.

무엇보다도 법원과 검찰에서 탁월한 능력을 발휘하던 재조 출신 변호사 위주의 두터운 맨파워가 높은 승소율 등 김앤장의 뛰어난 송무 능력을 담보한다는 평가가 나오고 있다. 또 자문 분야 못지않게 분야를 나눠 약 40년에 걸친 기업자문 경험을 결합시킨 분야별 전문 소송능력이 보통의 법률사무소에선 쉽게 따라올 수 없는 김앤장의 강점으로 이야기된다.

김앤장의 송무·형사 분야엔 대법관과 법무장관, 검찰총장에서 평판사, 평검사 출신에 이르기까지 약 100명에 이르는 재조 출신 변호사가 제각각 업무를 분장하며 막강한 경쟁력을 발휘하고 있다.

이임수, 손지열 전 대법관으로부터 이어지는 법원 출신의 경우 한상호, 이재홍, 김수형, 백창훈, 이혜광, 주한일, 김상근, 박순성, 황정근, 원유석, 이태섭, 정병문, 권은민, 신필종, 권오창, 이경구, 이백규, 홍석범, 노경식, 이윤식, 전원열, 변동열, 이상윤, 조귀장, 김성진, 김유진, 류용호, 박종욱, 이욱래, 전명호, 강상진, 박영훈, 윤치삼, 차선희, 허영범 변호사 등 내로라하는 경력의 변호사 수십 명이 김앤장의 막강 송무팀을 구성하고 있다.

　이임수, 손지열 전 대법관 등을 제외하면 지법부장이나 지법부장으로 나가기 이전의 실무판사 시절 김앤장에 합류한 변호사가 대부분이어서 송무팀의 인적 구성과 관련, 특히 주목을 끌고 있다. 2008년 초 김앤장에 합류한 김수형 전 서울고법 부장이 고법부장으로 있다가 합류한 최초의 변호사로, 당시 김앤장이 고법부장 출신을 영입했다고 화제가 됐다. 사법연수원 시절부터 이름을 날린 김 변호사는 대법관의 상고심 재판을 돕는 대법원 재판연구관을 내리 5년간 역임할 만큼 법원 안팎에서 이름이 높았다. 항소심의 변론 강화를 위해 김앤장이 공들여 영입한 것으로 알려지고 있다.

　이어 김 변호사보다 1년 늦게 합류한 이혜광 전 서울고법 부장이 두 번째 고법부장 출신 변호사. 김수형, 이혜광 변호사와 2011년 3월 합류한 원유석 전 서울고법 부장판사, 이임수, 손지열 전 대법관, 이재홍 전 서울행정법원장 이외엔 법원장 등 고법부장 이상의 법원 고위직에 있다가 김앤장에 합류한 변호사를 더 이상 찾아 볼 수 없다. 오히려 김앤장에선 실무능력이 절정에 달할 시기인 대법원 재판연구관이나 고법판사 등을 선호하는 것으로 알려지고 있다.

　이와 관련해 김앤장의 한 변호사는 "철저하게 일할 사람 위주로 판, 검사 출신 변호사를 영입하고 있다"고 설명했다. 물론 김앤장에 합류한 변호사 대부분은 법원행정처의 담당관이나 심의관 또는 대법원 재판연구관, 사법연수원 교수 등 법원 내 요직을 거친 실력 있는 판사들로, 어디 내놓아도 손색없는 최정예 변호사들이 송무팀을 구성하고 있다.

김앤장 송무팀의 실무를 총괄하고 있는 한상호 변호사는 대법원 재판연구관과 법원행정처 기획담당관, 조사국장, 법원도서관장, 의정부지원장 등을 역임한 실력 있는 판사 출신 변호사다.《민법주해》(1992)를 공동으로 저술했을 만큼 민법의 전문가로 유명하며, 후배들과 함께 법정에도 자주 출정해 많은 사건을 직접 챙기고 있다. 이런 활약을 평가받아 영국의 법률정보지《Legal Ease》가 2008년 발간한《아시아 · 태평양 리걸 500》은 한 변호사를 아시아 · 태평양 지역 최고의 분쟁해결 변호사로 선정하기도 했다. 사법연수원 6기로, 법원에 있을 때인 1985년 영국 캠브리지대에서 법학석사 학위를 받았다.

또 민사소송 등 다양한 사건에서 활약하고 있는 백창훈 변호사는 소송전략과 법정 프레젠테이션에서 매우 뛰어나다는 평가를 받고 있다. 사시 23회에 수석 합격한 후 판사가 돼 법원행정처 법정심의관, 사법연수원 교수 등을 역임한 후 2002년 김앤장에 합류했다.

이 외에도 법원행정처 송무심의관 경력의 주한일, 황정근, 이태섭, 권오창, 김유진 변호사와 법원행정처 조사심의관 또는 법정심의관을 역임한 김상근, 박순성, 홍석범, 이윤식 전 부장판사 등 화려한 경력의 판사 출신 변호사들이 기수별로 포진하고 있다.

형사 쪽을 담당하는 검찰형사팀도 화려한 경력의 변호사들이 두텁게 포진하고 있다. 최경원 전 법무부장관과 송광수 전 검찰총장을 비롯해 법무부 기획관리실장과 보호국장을 역임한 윤동민 전 검사장, 이정수 전 대검차장, 서울중앙지검장과 서울고검장을 역임한 이종백 전 국가청렴위원회 위원장, 대검 중앙수사부장을 역임한 박상길 전 고검장, 차동민 전 대검차장, 황희철 전 법무부차관 등 검사장 이상의 검찰 간부 출신이 후배들을 지휘하고 있다. 또 검찰에서 업무능력을 인정받았던 유국현, 이민희, 이정희, 오세헌, 이성규, 최찬묵, 이동호, 신현수, 최성우, 조응천, 최명석, 이승호, 박성수, 이병석 변호사 등이 검찰에서의 경험을 살려 형사사건에 연루된 기업과 기업인 등을 빈틈없이 변호하고 있다. 여(女)검사로 이름을 날렸던 이옥 전 서울중앙지검 부장검사가 2010년 봄, 법복을 벗고 김앤장에 합류해 화제가 됐다.

법원 출신 못지않게 검찰 출신 변호사들도 중간 허리층의 실무검사 출신이 많은 게 김앤장의 특징이다. 당장 실무에 투입할 수 있는 현장 인력을 선호하는 김앤장의 일관된 방침에 따른 결과이나, 법원 출신보다는 상대적으로 검사장 이상 검찰 고위직 출신의 비중이 높다.

최경원 전 장관은 법무차관을 마치고 김앤장에 합류해 후배들을 지휘하다가 법무장관으로 발탁돼 다시 관가로 복귀했던 경우로, 당시 김앤장에서 법무장관이 나왔다고 화제가 됐다. 사법시험 8회에 합격한 최 전 장관은 김앤장의 검찰 출신 변호사 중 가장 연수원 기수가 빠른 선배로, 검찰형사팀의 좌장 역할을 맡고 있다.

김앤장 송무팀이 자랑하는 또 하나의 강점인 전문 송무능력은 40년간 축적된 자문 분야의 전문성이 그 바탕이 되고 있다. 송무변호사들은 또 다년간의 실무경험을 바탕으로 각자 전문영역을 구축하며, 분야별 전문성을 강화해 나가고 있다. 김앤장에 따르면, 송무 그룹을 증권, 금융, 지적재산권, 제조물책임, 공정거래, 조세, M&A, 전문가 책임, 기업형사, 인사·노무, 국제소송 등의 전문분야로 나눠 기업자문 분야 못지않게 다양한 유형의 전문화를 진척시키고 있다.

이어 해당 분야의 지식과 경험을 갖춘 자문 분야의 전문변호사와 송무 변호사들이 함께 투입돼 협동작전을 통해 시너지를 극대화하는 게 김앤장의 전략이다. 형사사건을 예로 들면, 판, 검사 출신의 형사 변호사가 주축이 돼 변론전략을 짜되, 필요한 경우 사안별로 해당 분야의 기업자문 변호사와 변리사, 회계사, 세무사 등 전문가 그룹이 함께 팀을 구성해 상호 유기적으로 방어에 나서고 있다고 송무팀에서 중추적인 역할을 수행하고 있는 백창훈 변호사가 소개했다. 키코 분쟁만 해도 금융팀에서 사건을 수임해 송무팀과 함께 소송에 대응하고 있는 것으로 알려지고 있다.

한마디로 40년에 걸친 기업자문 경험을 소송·형사 분야의 전문성에 결합시켜 송무능력을 극대화시키고 있다는 이야기로, 김앤장의 이런 시스템은 다른 로펌과 차별화되는 탁월한 업무성과로 이어지고 있다.

국내의 한 유력 언론사가 분석한 결과에 따르면, 김앤장이 기업 관련 사건에서 57% 이상의 승률을 거둔 것으로 보도된 적이 있다. 내용이 복잡한 기업 관련 사건에서의 50% 이상의 승률은 쉽지 않은 결과로, 이 언론사도 사건의 난이도에 비춰 볼 때 상당한 성과라는 평가를 덧붙이고 있다. 또 2009년 가을 한 국회의원이 분석한 자료에 따르면, 김앤장이 2006년부터 2009년 7월까지 판결이 선고된 256명 중 55명의 피고인에 대해 무죄판결을 받아내 화제가 되기도 했다. 김앤장의 무죄율은 21.5%. 반면 같은 기간 전국 법원의 형사사건 평균 무죄율은 1.48%에 불과했다. 이런 통계 등에 비춰 김앤장 송무팀이 다른 유형의 사건에서도 이에 못지않은 탁월한 성과를 내고 있을 것이란 관측이 유력하게 제기되고 있다.

"이해관계가 첨예하게 대립되는 중요한 사건이나, 반드시 이겨야 할 소송에서 우선적으로 선택하게 되는 법률사무소가 김앤장"이라는 김앤장 변호사들의 높은 자신감은 과장된 표현만은 아닐 것이다.

국제중재

최근 국제상사분쟁의 인기 있는 해결수단으로 각광받고 있는 국제중재 분야도 김앤장이 뛰어난 경쟁력을 자랑하는 중요 업무분야로 꼽힌다. 중재를 전문으로 하는 변호사라면 누구나 경험하고 싶어 하는 세계은행 국제투자분쟁해결센터(ICSID)의 중재인이자 싱가포르 국제중재센터(SIAC) 이사로 활동하는 윤병철 변호사가 팀장을 맡아 대단한 성과를 이끌어 내고 있다.

2008년 8월 1일, 뉴욕에서 열린 국제상공회의소(ICC) 국제중재재판부는 2년간의 심리를 끝내고 대한생명 인수를 둘러싼 예금보험공사와 한화 컨소시엄 사이의 국제중재에서 한화 측의 청구를 모두 인정하는 판정을 내렸다. 한화 측의 한국 측 법률대리인은 김앤장. 김앤장의 국제중재팀이 또 한 건의 승소를 추가하는 순간이었다.

이보다 1년 6개월 정도 앞선 2007년 2월. 싱가포르의 Grand Plaza Park Royal Hotel에서 진행된 SIAC 중재재판의 신청인 측 자리에 앉아있던 윤병철, 최지현, 박영석 변호사와 미국변호사인 벤자민 휴즈의 표정이 환해졌다. 한국의 합작회사와 독일 투자자 사이에 벌어진 경영권 분쟁에서 김앤장이 대리한 한국 회사가 이긴 것이다. 중재절차에 소요된 비용도 모두 상대방 당사자가 부담해야 하는 완벽한 승소였다.

이 사건은 김앤장의 국제중재팀에게 특히 의미 있는 사건으로 남아 있다. 상대방 당사자가 한국 로펌과 미국 로펌 두 곳을 공동대리인으로 선정해 마지막 순간까지 불꽃 튀는 공방을 벌였으나, 김앤장 단독으로 대리한 신청인 측이 이겼기 때문이다. 준거법은 독일법. 상대방은 미국 로펌의 독일사무소 변호사를 변론기일에 참석시켰다. 한국변호사와 미국변호사로 구성된 김앤장 국제중재팀은 독일인 중재인을 선임하고, 독일변호사를 전문가 증인으로 활용했다.

말하자면 외국에서 진행된 국제중재에서 한국 로펌 단독으로 당사자를 대리해 유명 미국 로펌을 상대로 구두변론과 반대신문을 펼쳐 승소판정을 이끌어 낸 것이다. 특히 이 사건은 준거법이 독일법인 경우로, 중재인과 전문가 증인을 독일인으로 선정한 김앤장의 변론전략이 주효했다. 의장중재인을 포함해 모두 3명의 중재인으로 재판부가 구성되는 국제중재의 경우 신청인과 피신청인은 각각 중재인 1명씩을 선정할 수 있다. 또 의장중재인은 신청인과 피신청인이 협의해 선정하나, 협의가 이루어지지 않을 경우 중재기관에서 선정한다. 윤병철 변호사는 "독일법이 준거법인 사안에서 김앤장이 단독으로 미국 로펌 등을 상대로 청문절차(hearing)를 진행해 승소한 경우"라며, "김앤장 국제중재팀의 경쟁력은 외국 로펌들도 다 인정한다"고 강조했다.

1973년 김앤장 설립 당시부터 장수길 변호사가 중심이 돼 꾸준히 육성해 온 국제중재팀은 특히 분야별로 수많은 전문가가 포진하고 있는 점이 강점으로 이야기된다. 윤병철 변호사가 지휘하는 실무팀 외에도 장수길, 조대연, 정병석, 정진영 변호사 등 국제중재에 경험이 많은 각 분야의 전문가가 수시로 팀을 이뤄 중재재판을 지원하고 있다.

M&A, 국제투자, 건설, 제조, 금융, 해운, 조선, 통신, 전자, 제약, 석유 사업 등 국제중재가 잦은 주요 분야의 경우 두터운 전문가 풀이 형성되며, 상당한 경험과 노하우가 축적되어 있다. 또 기업자문 변호사들과의 협동작업을 통해 자문과 국제중재가 결합된 높은 시너지를 추구하고 있다. 박은영 변호사는 김앤장 중재팀이 ICC, 런던국제중재법원(London Court of International Arbitration, LCIA), SIAC, 홍콩국제중재센터(HKIAC), 스톡홀름상업회의소(SCC), 일본상사중재협회(JCAA), 대한상사중재원(KCAB) 등 세계 유수의 중재기관에서 진행되는 중재절차에서 다양한 사건의 고객을 성공적으로 대리하고 있다고 소개했다. 김앤장은 2012년 3월 국제중재분야의 전문매체인 《GAR》(Global Arbitration Review)로부터 세계 24위의 경쟁력을 인정받으며, 국제중재분야의 '세계 30대 로펌(GAR30)'에 선정되었다.

국제중재를 실질적으로 많이 수행하는 실무팀엔 서울대 법대에 이어 하버드 로스쿨에서 LL.M.을 한 윤병철 변호사의 지휘 아래 박은영, 오동석, 정교화 변호사, 조엘 리처드슨(Joel E. Richardson) 미국변호사, 독일 및 영국변호사인 카이야네스 베그너 등이 포진하고 있다. 윤 변호사와 박은영, 정교화 변호사가 모두 서울지법, 서울행정법원 등에서 경험을 쌓은 판사 출신 변호사로, 판사 출신 변호사가 많은 게 김앤장 국제중재팀의 특징 중 하나다.

박은영 변호사는 서울대 법대를 나와 뉴욕대에서 LL.M.에 이어 국제법으로 법학박사 학위를 받은 실력가로, ICSID와 호주 국제상사 중재센터의 중재인 등을 맡고 있다. 2010년 4월 가장 대표적인 국제중재기관의 하나인 LCIA의 아시아·태평양 평의회 평의원(Councilor)으로 선임돼 LCIA의 실무에 관한 중요한 결정에도 참여하고 있다.

박 변호사는 2004년 8월 아테네에서 열린 올림픽 체조경기에 출전한 양태영 선수가 심판의 잘못된 판정으로 금메달을 잃어버리고 동메달을 따게 되자 한국선수단을 대리해 스포츠중재재판소(CAS)의 중재절차를 수행하는 등 다양한 사건에서 활약하고 있다. 그러나 온 국민의 관심을 끌었던 CAS 중재에선 "심판이 기본점수를 잘못 선정하는 잘못을 범한 것은 맞지만 고의나 악의에서 비롯된 것이라는 증거가 없어 번복될 수 없다"는 이유로 기각판정이 내려져 잃어버린 금메달을 되찾지는 못했다.

김앤장의 국제중재팀은 독일 회사를 대리해 SIAC 중재법정에 참석하고, 일본 회사를 대리해 도쿄에서 열린 ICC 중재재판에 참가하는 등 법률서비스의 수출에도 앞장서고 있다.

하버드 로스쿨로 연수를 다녀 온 정교화 변호사는 "국제중재팀의 변호사들은 외국의 법률, 제도와 문화를 이해하고, 우리말과 함께 영어, 독일어, 중국어, 일본어 등 다양한 언어를 구사할 수 있는 능력을 보유하고 있다"며, "그만큼 국제적으로 움직이는 곳이 김앤장의 국제중재팀"이라고 소개했다. 정 변호사는 스캐든 압스에서 경험을 쌓았다.

해상

해상 분야는 김앤장이 국내 로펌의 원조쯤 되는 업무분야다. 1980년 8월 사법연수원 10기의 정병석 변호사가 합류하면서 본격적으로 관련 업무를 수행하기 시작, 수많은 해상 전문 변호사를 키워내며 업계를 리드하고 있다.

김앤장의 해상팀은 특히 1980년 이래 한국 근해에서 일어났거나 한국 선주가 관련된 대부분의 대형 해상사고의 처리 및 보상절차에 관여했을 만큼 독보적인 자문 경험을 축적하고 있다. 2007년 12월 7일 충남 태안 앞바다에서 일어난 허베이 스피리트(Hebei Spirit)호의 기름유출 사고와 관련, 김앤장이 허베이 측을 맡아 보상절차가 진행 중에 있으며, 1987년에 일어난 Sea Prince호 해양오염사건, 1980년대 초반의 Honam Jade호 및 보운호 해상오염사건 등도 김앤장의 변호사들이 관여해 보상절차가 마무리됐다.

김앤장은 해상 분야가 발달한 로펌이 주로 대리하는 선주나 선주가 가입하는 선주상호보험조합인 P&I 클럽에 자문을 제공하는 경우가 많다. 정병석 변호사는 "피해자에 대한 원활한 보상 및 신속한 보상이 이루어지도록 하고 있다"고 말했다.

해상사건은 특히 다수의 피해자와 화주(貨主)가 관련된 가운데 국제소송으로 진행되는 경우가 많아 높은 수준의 국제적인 대응능력이 요구되는 업무분야로 분류되고 있다. 김앤장에선 영국, 미국, 캐나다 등에서 변호사 자격을 취득한 외국변호사가 한국변호사들과 함께 팀을 꾸려 흔히 샅바 싸움으로 일컬어지는 관할다툼에서부터 시작해 효과적으로 대응해 나가고 있다.

1980년대 초 알래스카 앞바다에서 발생한 Pan Nova호 충돌사건이 대표적인 케이스. 김앤장은 미국 법정에 한국의 책임제한 법률조항에 관한 의견을 제시하는 등 주도적으로 관여했다. 이 사건은 해상변호사들 사이에서 관할 및 책임제한을 둘러싼 분쟁의 효시가 된 사건으로 알려져 있다. 또 2007년 3월 화물선과 컨테이너선이 충돌, 영국, 미국, 중국, 한국 등 최소한 네 곳에서 소(訴)가 제기될 수 있었던 사건에서 한국 화물선의 선주를 맡아 성공적으로 방어했다고 정병석 변호사와 함께 실무를 책임지고 있는 이진홍 변호사가 소개했다.

김앤장의 해상팀은 해상사고의 민사적인 처리뿐만 아니라 해양안전심판절차에서 선원과 선주에 자문을 제공하고, 형사팀 변호사들과 함께 해난사고 등과 관련된 형사절차에서도 자문에 나서고 있다. 판사 출신인 김상근, 이상윤, 이철원 변호사 등이 해상과 관련된 소송사건을 단골로 지원하고 있다.

2008년 가을 세계경제위기 이후 해상팀에서 많이 수행하는 사건 중 하나는 용선계약이나 선박건조계약을 둘러싼 분쟁. 영국법을 준거법으로, 영국에서 중재에 의해 진행되는 분쟁해결절차에 해상팀의 변호사들이 국제중재 전문 변호사들과 함께 적극 참여하고 있다.

정 변호사는 "외국법이 준거법이고 재판이 진행되는 법정이나 중재지가 외국이라고 하더라도 상당한 수준의 사실관계 확인(fact finding)이 한국에서 이루어지거나 증인의 대다수가 한국인인 경우 해상법을 잘 아는 한국변호사의 자문과 지원이 중요한 경우가 많다"며, "김앤장의 해상변호사들은 이런 역할을 적극적으로 수행하고 있다"고 설명했다.

이 외에 화물손상, 선원재해 등 바다와 배에 관련된 여러 분쟁의 해결에 해상팀 변호사들이 나서고 있다. 정병석, 이진홍 변호사의 지휘 아래 15명의 국내외 변호사와 세 명의 해기사 출신의 해사전문가(claim executive), 여러 명의 패러 리걸(para legal)이 팀을 이뤄 24시간 대응체제를 갖추고 있다. 특히 김담희 캐나다 변호사, 뉴욕주 변호사인 헬렌 김, 한국해양대 출신의 이재복 영국변호사 등이 국제 관련 사건에서 맹활약하고 있다.

정병석 변호사는 해상법의 메카인 영국의 런던대(UCL) 법대(LL.M.)에서 해상법을 공부한 후 영국의 대표적인 해상 전문 법률사무소인 Holman Fenwick Willan과 뉴욕의 해상 전문 대형 로펌인 Haight Gardner Poor&Havens에서 경험을 쌓은 한국의 해상 분야를 대표하는 변호사로, 상법 중 해상법 개정위원, 국제사법 개정위원으로 활약했다. 클레임 당사자들의 모임인 해사모(해운을 사랑하는 사람들)의 회장을 역임했으며, 해법학회 수석 부회장, 국제사법학회 부회장으로 활동하고 있다.

연수원 12기의 이진홍 변호사도 런던대에서 해상법으로 법학석사 학위를 받은데 이어 Lillick&Charles 샌프란시스코 사무소에서 경험을 쌓았다. 사법연수원의 해상법 교수, 동아대 부교수, 중앙해양안전심판원 자문위원 등을 역임했으며, 해상법에 관한 여러 논문과 저서가 있다.

조세

국내 로펌 중 최대 규모를 자랑하는 막강한 조세팀을 운영하고 있다. 변호사와 공인회계사, 세무사 등 다양한 전문성을 갖춘 120명이 넘는 전문가가 포진해 조세와 관련된 다양한 서비스를 제공하고 있다.

일반적인 조세자문은 물론 M&A 세무, 이전가격 과세 등 국제조세 업무, 세무조사 지원, 조세심판 및 행정소송 수행 등 김앤장 조세팀은 매우 광범위하게 업무를 수행한다. 변호사와 회계사, 세무사 등 관련 전문가의 유기적인 협조를 통해 일반 조세자문과 세무조사에서 쟁송해결에 이르기까지 원스톱 서비스를 구현하는 곳이 김앤장 조세팀으로, 기업 등 조세서비스의 수요자들로부터 높은 호응을 받고 있다.

특히 세무조사와 쟁송해결에서 높은 전문성을 발휘하고 있다. 세무조사 지원의 경우 연간 90~100건을 수행할 만큼 업무사례 또한 엄청나게 축적되고 있다. 조세심판과 행정소송 분야에서도 사회적 이목을 끈 중요 사건 등을 맡아 단연 돋보이는 결과를 내놓고 있다.

2008년 3월 1조 7,000억 원의 과세예고 결정이 내려졌다가 한 달 뒤 취소된 이른바 하나은행의 '역합병 사건'이 김앤장 조세팀의 실력이 발휘된 대표적인 사건으로 소개된다. 이 사건은 국내 최대의 과세전적부심 결정으로 유명하며, 김앤장은 조세부과가 신의칙에 위배된다는 주장을 펴 전부승소에 해당하는 결정을 받아냈다.

국세청은 하나은행이 2002년 서울은행을 합병한 것은 탈세를 노린 역합병에 해당된다며 2008년 3월 하나은행에 역대 최고의 추징금인 1조 7,000억 원의 과세예고 통지를 보냈다. 그러나 한 달 뒤 하나은행은 국세청으로부터 과세예고를 취소한다는 통보를 받았다. 김앤장의 백제흠 변호사 등이 국세청 과세전적부심의 대리인으로 나서 국세청의 과세방침을 뒤집어 버린 것이다.

사건의 쟁점은 이월결손금이 6조 1,000억 원에 달했던 서울은행이 하나은행에 합병된 역합병에 법인세 감면 혜택을 노린 조세회피용 목적이 있었는지 여부. 서울은행은 하나은행에 인수될 때 법인세를 감면받아 이 대목이 집중적으로 논란이 됐다. 백 변호사 등은 먼저 두 은행의 합병은 정부가 서울은행에 투입된 공적자금을 회수하기 위한 '허용된 수단'이었다는 점을 강조했다. 신의성실의 원칙에 따라 이뤄진 합병으로, 조세회피용이 아니라는 주장을 폈다. 이어 합병 후 서울은행의 가치가 증대됨에 따라 정부가 예금보험공사를 통해 투입한 공적자금을 회수하는 데 일조한 점을 입증해 과세예고 결정을 번복시켰다.

또 휴면법인을 이용한 외국계 펀드의 국내 대형 빌딩 취득과 관련, 서울시가 거액의 등록세를 부과한 사건에서 2009년 4월 조세회

피행위라고 하더라도 조세법률주의의 원칙상 법률의 명문의 근거 없이 과세할 수 없다는 취지의 대법원 판결을 이끌어 내 또 한 번 뜨거운 주목을 받았다.

엔화정기예금과 선물환계약이 결합된 엔스왑 예금에 대한 이자소득세 부과가 위법하다는 최초의 판결을 받아낸 곳 역시 김앤장이며, 2009년 11월엔 소수주주(少數株主)가 있는 상장법인의 대표이사가 횡령했을 때 법인에 대한 소득세 원천징수 처분은 위법하다는 취지의 대법원 판결을 이끌어 냈다. 이 판결은 대법원이 임원의 회사돈 사외 유출 행위에 대한 소득세 원천징수의 범위를 엄격하게 해석한 것이어서 더욱 주목을 받았다.

김앤장의 조세팀이 강한 이유는 무엇일까.

무엇보다도 뛰어난 인적 구성을 빼놓을 수 없다. 김앤장의 조세팀엔 국내 최대 로펌이라는 위상에 걸맞게 쟁쟁한 변호사들이 두텁게 포진하고 있다.

대학 재학 중 행정고시에 합격해 재무부에서 경력을 쌓은 최선집 변호사를 비롯해 서울고법 행정부와 서울행정법원 부장판사를 역임한 김수형 변호사, 대법원 재판연구관 시절 조세조 팀장을 3년간 역임한 정병문 변호사, 서울행정법원 부장판사 출신의 이경구 변호사, 서울행정법원 판사로 있다가 김앤장에 합류한 권은민 변호사, 판사로 있다가 미국으로 유학, 하버드와 뉴욕대 로스쿨 등에서 세법을 연구한 백제흠 변호사 등이 조세소송 분야에서 맹활약하고 있다. 서울대 법대를 나와 같은 대학에서 세법학으로 법학박사 학위

를 받은 백 변호사는 대학을 졸업하기 전 행정고시 재경직에 합격
했으며, 연세대에선 회계학 석사학위를 받았다.

또 서울대 경영대학을 졸업한 이상우 변호사는 변호사가 되기 전
행정고시에 합격해 국세청에서 행정사무관으로 활약한 세무관료
출신으로, 공인회계사 자격도 갖추고 있다. 서울대 국제경제학과
출신의 최석규 변호사도 공인회계사 자격을 갖추고 있다. 서울행정
법원 판사를 거쳐 조세팀에서 맹활약하고 있다.

이와 함께 공인회계사, 세무사 등 다양한 경력의 조세전문가들이
변호사들과 함께 팀을 이뤄 대응에 나서는, 변호사와 조세전문가의
협력작업이 김앤장 조세팀의 강점으로 이야기된다. 수십 명의 공인
회계사가 조세 분야에 포진해 활약하고 있다. 세무사들을 조세 관
련 서비스에 적극 활용하기 시작한 곳도 김앤장이 처음으로 알려져
있다.

관세 및 국제통상

박은영 변호사가 이끄는 관세 및 국제통상 전문 그룹은 세관조사
대응에 대한 지원, 과세가격 또는 품목분류 사전심사의 관세사건,
수출입거래 통관절차, 반덤핑·상계관세 등 무역구제사건, 수입제
한, WTO 분쟁해결 절차 대리 등 국제통상에 관한 다양하고 종합
적인 자문 업무를 수행하고 있다. 풍부한 경험을 바탕으로 높은 수
준의 전문 서비스를 제공한다.

서울지법 판사를 거쳐 김앤장에 합류한 박 변호사는 서울대 법대를 나와 뉴욕대 로스쿨에서 국제법으로 법학박사 학위를 받은 전문가로, 국제중재 분야에서도 활약하고 있다.

이어 산업자원부 공무원 시절 한·칠레 FTA 협상에 참여하기도 한 안완기 미국변호사와 산자부와 무역위원회 과장을 역임하고 미 버지니아주 경제개발공사 등으로 활약한 이진환 미국변호사가 박 변호사를 도와 관련 실무를 챙기고 있다.

안 변호사는 관세 쪽을 맡고 있다. 산자부가 펴낸《WTO 보조금 협정 해설》의 공동저자이기도 하다. 또 무역구제 분야에서 활약이 큰 이 변호사는 김앤장에 합류하기 전 통상 분야의 높은 전문성을 자랑하는 미국의 Akin, Gump, Strauss, Hauer&Feldman 워싱턴 사무소에서 근무하기도 했다.

이 외에 산타 클라라대에서 LL.M.을 한 후 Jones Day 파리사무소에서 경력을 쌓은 사법연수원 28기의 부준호 변호사 등 여러 명의 변호사와 회계사 등이 포진해 국제통상업무를 뒷바라지하고 있다.

관세 및 국제통상 그룹은 주스로 분류되느냐, 음료수로 분류되느냐에 따라 관세율의 차이가 발생하는 사건을 맡아 전 세계적인 관행과 국제적인 기준을 적용함으로써 과세당국과 수입자에게 모두 만족스러운 품목분류 결정을 얻어냈으며, 로열티나 관계회사 간의 경비지원이 과세가격에 포함되어야 하는가가 쟁점이 된 여러 사안에서 수입물품과의 관계성이나 조건성 기준을 확립하는 선례를 이

록하기도 했다.

또 무역회사의 무역대금을 가장한 브리지론에 대한 형사조사, 외국환거래법상의 불법 상계로 인한 외국환거래법 위반 고발사건을 맡아 세관의 조사 단계에서부터 현장 중심의 실무적인 자문을 제공하고 있다. 국제거래의 특수관계자 간 거래의 증가로 인해 발생하는 이전가격 문제의 관세법적인 이슈에 대해서도 제약회사를 대리해 특수관계가 이전가격에 영향을 미치지 않는다는 선례적인 확정 판결을 이끌어 내며 관세부과의 기준을 제시했다.

국제통상 그룹의 변호사들은 양자 간 또는 다자간 협상에서 정부 측을 대리하는 역할도 많이 수행하고 있다. 또 국내외 관련 산업의 관심 사항과 이익을 대변해 교섭 상대국 정부의 정책 판단에 반영시킬 뿐만 아니라 WTO 분쟁해결 기구를 통한 문제 해결을 지원하는 등 다양한 정부 간 협상 및 분쟁해결에 나서고 있다.

국내외 반덤핑·상계관세 등 무역구제사건을 비롯한 WTO 무역구제 분쟁해결절차와 관련된 자문 및 대리업무도 관세 및 국제통상 그룹의 단골 업무. 수입급증에 따른 세이프가드 조치와 관련된 업무를 수행하고 있으며, 무역거래를 동반하는 지적재산권 침해행위와 관련, 한국무역위원회가 잠정수출입금지조치 또는 최종적인 무역제한 및 제조금지조치를 결정하기에 앞서 실시하는 불공정무역행위 조사와 관련된 업무도 처리하고 있다.

최근 무역위원회에서 진행된 중국, 일본, 싱가포르산 초산에틸 반덤핑조사사건, 아르헨티나, 브라질, 미국산 대두유 반덤핑조사사건, 중국산 플로트 판유리 반덤핑조사사건을 맡아 성공적으로 수행했다. 스타크래프트와 디아블로의 상표전용사용권 침해와 관련된 게임소프트웨어 수입·판매사건, 특허권 침해 스케이트보드 수입·판매사건 등 불공정 무역행위사건도 대리했다.

박은영 변호사는 "국제 무역거래와 통상교섭의 모든 단계에 걸친 자문과 절차 대행, 분쟁조정 등의 역할을 수행하고 있다"며, "국경을 넘나드는 무역거래가 증가하면서 관련 업무가 늘어나고 있다"고 소개했다.

지적재산권

　지적재산권 분야는 김앤장이 특히 압도적인 경쟁력을 자랑하는 분야로 손꼽힌다. 지적재산권 침해를 이유로 제기되는 침해소송과 국내외 특허출원 등 지적재산권과 관련된 거의 모든 업무에서 다른 로펌이나 특허 법률사무소 등을 큰 차이로 앞서가고 있다.

　김앤장 출범 초기부터 지휘부가 특별한 관심을 갖고 육성해 온 김앤장의 가장 오래된 업무분야 중 하나로, 김앤장 내에서 차지하는 비중도 상당한 것으로 알려져 있다. 업무분야 중 유일하게 별도의 홈페이지를 운영하고 있는 점도 지적재산권 분야의 자랑. 그만큼 방대한 조직을 갖추고 있으며, 세부 분야별로 전문화가 이뤄져 있다. 기계부, 전자부, 화학부, 상표/디자인부, 저작권팀, 지적재산 거래팀, IP 소송팀, 지역 전문가 그룹으로 업무분야를 나눠 분야마다 해당 분야의 전문성으로 무장한 변리사와 외국변호사, 전문 스태프 등이 변호사들과 함께 최적의 자문을 다짐하고 있다.

　특히 미국, 유럽, 일본 등 외국의 지적재산권 실무에 정통한 변리사와 기술 스태프 등이 나라별로 포진하고 있어 해외 특허출원 및 외국 기업의 국내 특허출원, 관련 분쟁의 처리에 높은 경쟁력을 발휘하고 있다.

초창기 IP 분야를 개척한 장수길 변호사에 이어 1981년 군법무관 근무를 마치고 합류한 양영준 변호사가 전체 조직을 지휘하고 있다.

한국지적재산권학회 회장을 맡고 있는 양 변호사에 따르면, 지적재산권에 관한 법률사무는 1987년에 개정된 미국의 통상법 301조가 극적인 계기가 되었다고 한다. 처음에는 금융 쪽의 일을 거들었던 그가 지적재산권 분야로 본격 특화하고 나선 것도 이 무렵이다. 통상법 301조, 이른바 슈퍼 301조를 내세운 미국과의 포괄협상이 타결되면서 우리나라의 특허법, 저작권법 등 지적재산권 관련 법률이 잇따라 개정되는 등 엄청난 소용돌이가 몰아닥쳤다. 한국은 지적재산권 관련 국제조약에도 잇따라 가입했다. 지적재산권에 대한 규제가 강화되고, 지적재산권을 모르면 사업을 수행하기가 쉽지 않을 만큼 기업 활동에서 지적재산권 분야가 갈수록 중요해지기 시작한 것이다.

김앤장 지적재산권팀은 특히 침해소송 분야에서 선례가 될 만한 사건을 많이 수행한 것으로 유명하다. 1998년 국내 게임업체 간 저작권 분쟁과 이듬해에 벌어진 샤넬 도메인 분쟁 등이 대표적인 케이스.

또 불가리아 대사까지 나서 성명을 발표하는 등 사회적 이목을

끌었던 2005년의 '불가리스', '불가리아' 요구르트 분쟁도 김앤장
의 변호사들이 나서 승소결정을 이끌어 냈다. 요구르트 '불가리스'
로 유명한 남양유업을 대리해 '불가리아' 라는 이름의 요구르트를
생산해 판매하고 있던 경쟁기업을 상대로 '불가리아' 표장의 사용
금지를 요구하는 가처분 신청을 내 승소한 것이다. 1, 2심 법원 모
두 해당 기업이 출시한 불가리아 상표가 남양유업의 불가리스와 혼
동을 일으킬 우려가 있다고 판단, 해당 기업에 불가리아 상표의 사
용을 금지하는 가처분 결정을 내렸다. 사건을 주도한 양영준 변호
사는 "기업이 신제품을 출시하는 데 있어 기존 제품의 브랜드와 유
사하지 않은 적절한 브랜드를 선택해야 한다는 교훈을 일깨워준 사
건"이라고 가처분 결정의 의의를 설명했다.

2009년 말 대법원 판결에 이어 2010년 초 대법원 판결의 취지에
따른 서울고법의 가처분 결정이 내려져 결말이 난 R사와 S사 사이
의 반도체용 패드를 둘러싼 특허분쟁도 김앤장의 지적재산권팀이
수행한 중요 사건으로 소개된다. 특히 특허법상 최대 난제의 하나
에 속하는 간접침해(間接侵害)에 따른 특허침해를 인정한 획기적인
사례로, 김앤장이 세계 최대의 반도체용 패드 제조업체인 R사를 대
리해 승소했다. 지적재산권 분야의 유명 잡지인 《ASIA IP》는 이 사
건을 '2009년의 사건(landmark case)' 으로 선정했다.

양 변호사에 이어 황영주, 한상욱, 권오창, 이백규, 노경식, 조성
진, 이회기, 정여순, 김용갑(사법연수원 28기) 변호사 등이 특허침
해소송 등의 분야에서 중추적 역할을 담당하고 있다.

1988년 김앤장에 합류할 당시부터 지적재산권 관련 업무를 수행하고 있는 황영주 변호사는 상표법, 디자인법의 최고 전문가로 알려져 있다. 노스웨스턴대 로스쿨에서 LL.M.을 했다.

또 한상욱 변호사는 서울대 법대, 하버드 로스쿨, 일본 도쿄대 법대 등 한·미·일 세 나라의 최고 학부에서 공부했다. 특허법에 관한 해박한 지식과 함께 영어와 일어를 자유로이 구사하는 외국어 능력을 토대로 특히 여러 국가에서 동시에 진행되는 국제특허소송에서 발군의 실력을 발휘하고 있다. Nagashima Ohno&Tsunematsu 등 일본의 여러 법률사무소에서 경력을 쌓았으며, 한·미 민간전문가협의회 지적재산권 분야의 한국대표로 활약하기도 했다.

판사 출신의 권오창, 노경식, 이백규 변호사도 대형 특허소송에서 활약하며 지적재산권 분야의 송무 전문가로 이름을 날리고 있다. 특허법원 판사를 거쳐 대법원에서 특허담당 재판연구관으로 활약한 이회기 변호사는 특허관련 분쟁에서 맹활약하고 있다. 조성진 변호사는 최근 중요성이 강조되고 있는 영업비밀 관련 사건에서 큰 성과를 거두고 있다. 굵직한 영업비밀 관련 사건 중에 조 변호사의 손을 거친 것이 상당수 있다고 한다.

김앤장 지적재산권팀의 또 다른 강점은 수많은 변리사와 지적재산권 전문의 외국변호사들의 활약. 백만기, 김영 변리사 등 특허청이나 국내 일류기업 등에서 경험을 쌓은 100명 이상의 변리사가 분야별로 포진해 변호사들과 협동작전을 펼치고 있다.

백만기 변리사는 서울공대와 KAIST에서 전자공학을 전공한 후

산업자원부 산업기술국장과 특허청 심사국장 등을 역임한 엘리트 관료 출신으로, 현재 한국지식재산서비스협회 회장을 맡고 있다. 여성으로서 수많은 사건을 수행, 변리사업계의 '여전사(女戰士)'로 더 유명한 김영 변리사는 특허청 심사관을 거쳐 1981년부터 변리사로 활약하고 있다. 2000년 특허청으로부터 '신지식 특허인'으로 선정되었다. 화학 분야에서 명성이 높다.

또 특허청과 특허심판원 등에서 오랫동안 근무한 고이화, 김진, 박충범, 성재동, 이중희 변리사와 미국의 로펌에서 근무하며 다양한 경력을 쌓은 김재정, 양준영 미국변호사와 안국찬, 정은진 변리사 등이 각각 분야를 나눠 활약하고 있다.

동도서기   6

로펌은 사람이다

김앤장을 이끌고 있는 김영무, 장수길, 이재후 변호사 등이 기회 있을 때마다 강조하는 말이 있다. '로펌은 사람'이라는 아주 간단한 명제다. 김앤장의 설립자들은 인재제일주의를 표방하고 김앤장을 출범시킨 이래 지금까지 이를 실천해 오고 있다.

성장 40년. 김앤장의 역사는 곧 인재영입의 역사라고 해도 과언이 아니다. 그동안 1,000명에 육박하는 우수한 인재들이 김앤장에 합류해 한국 경제의 발전에 동참했다. 이들의 영입과정을 보면 김앤장의 성장과정을 한눈에 파악할 수 있다. 사람이 곧 로펌이고, 김앤장이 우수한 인재들을 데려다가 업무분야를 나누고, 전문성을 키워가며 기업 등의 온갖 자문수요에 대처해 왔기 때문이다.

시계를 다시 30여 년 전으로 돌려보자.

김앤장을 세운 김영무, 장수길 변호사 체제에 1976년 정계성 변호사가 합류하면서 김앤장의 초기 진용이 갖추어졌다. 이어 정계성 변호사가 입사한 지 3년 뒤인 1979년 김용갑, 조대연 변호사가 합류했고, 이후에도 사법연수원을 수료한 젊은 인재들의 합류가 이어졌다. 1980년 정경택, 신희택, 양영준, 정병석 변호사, 1981년 현천욱, 허익렬, 1982년 박준, 전강석 변호사 등이 합류하면서 김앤장의 토대가 본격적으로 구축되기 시작했다.

이들은 특히 대부분이 서울대 법대 수석 입학, 수석 졸업, 사법시험 수석 합격 또는 최연소 합격, 사법연수원 수석 수료 등 누구에게도 밀리지 않는 화려한 경력의 소유자들로, 그때나 지금이나 김앤장엔 한국 최고의 법조인재들이 몰려들고 있다.

3명의 대표변호사 중 한 명으로 활동하고 있는 이재후 변호사도 이 무렵 김앤장에 합류했다. 그는 서울대 법대에 수석 입학해 재학 중 고시에 합격한 후 판사의 길을 걸었던 사람이다. 또 인권변호사로 이름을 날린 고(故) 조영래 변호사와 천정배 전 법무부장관도 상당기간 김앤장에서 활동했을 만큼 인재 풀이 넓고 깊은 곳이 김앤장이다.

《조영래 평전》(2006)을 쓴 서울대 로스쿨의 안경환 교수는 김앤장을 가리켜 "최초의 운동권 출신 변호사 정계성이 합류하였고, 한동안 이러한 비주류 법률가의 전통이 이어졌다"며, "국내 최대의 로펌답게 실로 다양한 인적 구성을 가진 이 법률회사는 그 자체가 하나의 커다란 법률공동체"라고 평가하기도 했다.

합류한 시기가 서로 다르고, 김앤장에 입사하게 된 각자의 동기가 있겠지만, 이들이 김앤장을 선택한 공통점을 발견할 수 있다. 변호사 하면 송무 위주의 개인변호사가 먼저 떠오르는, 건국 이후 수십 년간 지속되어 오던 법조계의 통념을 깨고, 제대로 된 법률회사를 만들어 새로운 일을 해보자는 열정을 갖고 한 배를 탄 것이다. 김앤장을 선택한 이들의 마음속에 한국에도 로펌다운 로펌을 만들어보자는 비전과 의지가 있었다.

"그땐 다들 새로운 걸 한 번 해보겠다는 각오로 가득 차 있었어요. 자문변호사의 중요성과 역할에 흥미를 느끼고 있었죠. 소송변호사가 전부인 줄 알았는데 외국의 법률사무소를 보니 이런 것도 있더라. 새로운 걸 해보자. 그래서 동참한 거예요. 우리도 외국처럼 기업자문 업무, 그리고 예방적 프랙티스(practice) 즉, 분쟁 예방적 변호사 업무 이런 걸 한 번 해보자, 그런 의지가 강했어요."

후배들이 합류하는 중요한 계기가 되었던 정계성 변호사는 "젊은 인재들의 도전정신이 김앤장이 추구하는 비전과 절묘하게 맞아떨어졌기에 기록적인 인재영입이 가능했다"고 말했다.

김앤장은 또 변화를 모색하는 젊은 변호사들에게 활로를 열어주는 선구적인 로펌으로서의 역할을 해냈다. 이들에게 '드디어 우리나라에도 로펌다운 로펌이 탄생하는구나' 하는 공감대를 불러일으켰다.

초기 리쿠르트가 성공하면서 탄력이 붙자 그 다음은 한결 수월해졌다. 김앤장의 조직이 체계화되고 로펌 업계 내에서의 위상이 높아지면서 해마다 사법연수원을 우수한 성적으로 수료한 쟁쟁한 변호사들이 줄지어 김앤장의 문을 두드렸다. 선배들과 마찬가지로 사법시험이나 사법연수원을 수석 또는 차석의 우수한 성적으로 통과한 인재들로, 판, 검사직을 마다하고 로펌 변호사라는 새로운 도전에 나서 보겠다며 김앤장에 합류했다.

사시 21회 수석의 최동식, 25회 차석 박성엽, 26회 수석 김진오, 35회 차석 이능규, 사시 35회에 합격했으나 연수원 26기로 입소해 차석으로 수료한 천경훈 변호사, 36회 차석 선용승 변호사 등이 순서대로 사법연수원을 마치고 김앤장을 선택했다. 또 제27회 사법시험에 합격해 사법연수원을 차석으로 수료한 사법연수원 17기의 신필종, 20기 수석의 서정걸 변호사, 31회 사시 차석의 김도영 변호사가 판사로 임관한 지 얼마 지나지 않아 김앤장에 합류해 송무 또는 자문 분야에서 전문변호사로 활약하고 있다.

이 외에도 대학입학 예비고사 수석 또는 서울대 법대에 수석입학했거나 수석으로 졸업한 김기영, 박병무, 이현철, 이윤조, 이시열, 안보용 변호사 등 수많은 인재가 김앤장에 합류해 전문변호사로 성장했다. 최근 들어서도 사법연수원 35기 공동수석인 이상민, 김완석 변호사가 2009년 나란히 김앤장에 입사해 또 한 번 화제가 됐다.

1990년대 들어 대기업 등이 관련된 민·형사 소송이 급증하면서 김앤장의 업무영역은 법원의 재판과 검찰수사가 중심인 이른바 송무 영역으로 급속하게 확대됐다. 이번엔 김앤장의 발전을 눈여겨본 판, 검사 등 재조 출신의 변호사들이 잇따라 합류했다. 물론 법원과 검찰에서 중추적인 역할을 담당하며 뛰어난 능력을 발휘한 우수한 인재들로, 사법시험과 사법연수원 성적 역시 최상위권에 드는 법조 엘리트들이다.

김앤장의 판, 검사 출신 변호사는 약 100명에 이르는 것으로 알려지고 있다. 이들은 재조 시절의 풍부한 경험과 해박한 법률지식을 토대로 김앤장의 송무와 형사 업무를 한층 업그레이드 시키고 있다.

김앤장의 인재 풀을 이야기하면서 또 하나 소개할 것은 최근 들어 김앤장에 합류하고 있는 소장 변호사들의 다양한 경력과 전공 분야다. 김앤장이 취급하는 업무가 다변화하는 데 따른 인재수요의 변화가 나타난 결과로, 김앤장엔 공대나 의대, 약대, 자연과학도 출신의 변호사가 다른 어느 로펌보다도 많이 포진하고 있다.

도현수, 이동환, 이욱기, 강명수 변호사는 대학에서 전기공학을 공부한 공학도 출신의 변호사들이며, 김의석, 김삼범 변호사는 전자공학을 공부했다. 김원 변호사는 기계설계학과를 졸업했다. 또 이원복, 이우진 변호사는 서울대 의대를 졸업하고 사법시험에 합격한 의대 출신 변호사로 이름을 날리고 있다. 이진영 변호사는 약대를 나왔다.

경영학 박사로 서울대와 숙명여대에서 강사로 활동했던 조현덕 변호사와 하버드대에서 물리학을 전공한 후 사법시험에 합격한 박준기 변호사, 서울대 물리학과를 나온 이시열 변호사, 카이스트 출신의 송귀연 변호사도 대학 때의 전공을 살려가며 관련 분야에서 활약하고 있다. 조성진 변호사는 "다양한 출신과 전공의 광범위한 인재 풀이야말로 국내 1등, 아시아 1등을 넘어 글로벌 로펌으로 도약하려는 김앤장의 에너지이자 최고의 법률서비스를 담보하는 동력이 되고 있다"고 말했다. 로펌은 역시 사람이 중요하다.

김앤장 변호사 24시

김앤장에서 기업지배구조, 해외투자, 국제소송과 중재 등에 관한 업무를 담당하는 박준기 변호사는 미국에서 고등학교와 대학을 마치고 한국의 사법시험에 도전해 변호사가 된 특이한 이력의 소유자다. 하버드대에서의 전공은 물리학과 화학. 그러나 그는 세계적인 물리학자가 되는 대신 한국의 변호사가 돼 김앤장에서 활약하고 있다.

"대학에서 동아리 활동 등을 하면서 정의, 평등과 같은 가치에 관심을 갖게 되었어요. 법률가가 되기로 진로를 바꿨습니다."

하지만 그는 미국의 로스쿨에 진학하는 대신 고국으로 돌아와 사법시험을 준비했다. 미국변호사가 되어 한국에서 활동하는 방법도 있지만 우회로를 택하는 대신 곧바로 사법시험에 도전했다. 그는 "하버드에서 풍물놀이패 활동을 하면서 한국에 가서 살아야겠다는 생각을 했다"며, "그렇다면 미국의 로스쿨에 진학할 것이 아니라 한국의 사법시험을 보는 게 훨씬 낫다고 판단했다"고 하버드를 마치자마자 태평양을 건너게 된 사정을 설명했다.

그는 그러나 곧바로 사법시험 공부를 시작하지 않았다. 마침 김영삼 정부가 세계화 정책의 하나로 도입한 국제관계 전문공무원으로 특별 채용돼 법무부와 인연을 맺었다. 법무부의 검찰사무관으로 임용돼 1996년 2월부터 법무부장관의 통역과 국제조약 문건 등을 검토하는 업무를 수행했다. 이때 법무부에 근무하는 검사들의 활기찬 모습을 보며 사법시험에 대한 구상도 더욱 구체적으로 발전했다.

그는 4년 후인 2000년 신림동 고시촌으로 들어가 본격적으로 사시 공부를 시작했다. 이에 앞서 1997년 미국 영주권을 포기하고 공군 통역장교로 군에 입대해 2000년 3년간의 군복무를 마쳤다. 1년 만에 도전한 2001년 사시 1차 시험에선 떨어졌다. 2002년 44회 사시에 재도전해 1, 2차 시험에 연달아 합격했다. 2005년 34기로 사법연수원을 마친 그는 김앤장에 입사해 꿈에 그리던 한국변호사의 일을 시작했다.

그의 하루는 어떤 모습일까. 그의 일과를 통해 김앤장 변호사의 24시를 들여다보자.

2009년 9월 중순의 어느 날 오전 9시.

원격 전화회의로 하루가 시작되었다. 미국 캘리포니아 법원에서 진행되고 있는 소송과 관련한 현지 변호사와의 통화다. 박 변호사는 어젯밤 1시경 이메일로 보낸 한국의 회사정리법과 대기업 계열사인 A사가 회사정리절차에 들어간 경위에 대해 설명했다. 캘리포니아에 있는 미국변호사는 해당 소송과 관련해 한국에서 작성된 서류를 미국 소송절차에 적법한 증거로 제출하는 방법과 한국에 있는 증인을 신문하는 방법 등에 대해 문의해 왔다. 박 변호사는 자세한 답변은 서면으로 보내기로 하고 전화회의를 마쳤다.

이어 10시 30분까지 박 변호사는 캘리포니아의 미국변호사가 요청한 한국의 민사사법 공조 관련 법령과 재판절차 등에 관한 자료를 영문으로 꼼꼼하게 작성했다.

12시 20분. 박 변호사는 사무실 내의 선배, 동료들과 함께 정례미팅에 참석했다. 점심은 회의를 하며 간단한 샌드위치로 해결했다.

회의를 겸한 식사를 마치고 다시 사무실로 돌아온 시간은 오후 1시 30분. 박 변호사는 오전에 시작한 자료 정리를 마치고 해외에서 자원개발사업을 벌이고 있는 B사의 사무실을 방문했다. 박 변호사는 B사의 사업 추진과 관련, 합작 파트너와의 의견 조율을 위한 영문서한 초안을 작성해 보내주기로 하고 사무실이 있는 광화문 쪽으로 발길을 돌렸다.

사무실로 돌아오는 도중에도 박 변호사의 업무는 계속됐다. 시간을 절약하기 위해 이동하는 동안에도 블랙잭 단말기를 이용해 그 사이에 도착한 수십 통의 이메일을 확인했다.

오후 4시 반. 입사 동기들과 저녁을 같이 하기로 약속했다. 그러나 약속을 잡은 지 15분이 지나지 않아 또 다른 의뢰인인 C사로부터 연락이 왔다. 내일 있을 이사회 보고에 대비해 회사가 고려하고 있는 영업양도에 대한 법률검토를 요청해 온 것이다. 내일 아침 일과 시작 전까지 마쳐야 하기 때문에 주어진 시간은 몇 시간에 불과했다. 박 변호사는 즉시 C사가 과거에 발표한 공시자료와 민·형사적인 문제, 공정거래법 관련 쟁점 등을 검토해 우리말 의견서를 작성하기 시작했다. 동기들과의 저녁은 다음으로 연기했다.

C사가 요청한 국문의견서 초안은 오후 10시 40분이 되어서야 완성됐다. 박 변호사는 선배 변호사의 검토를 거쳐 11시 50분 보충된 의견서를 C사에 보냈다.

박 변호사는 "매우 바쁜 생활의 연속이지만 보람이 적지 않다"며, "한국의 변호사가 되길 잘 했다"고 환하게 웃었다.

고객 우선의 문화

　인재제일주의와 함께 강조되는 김앤장의 또 하나의 경영방침을 든다면 고객제일주의를 빼놓을 수 없다. 고도의 지적 서비스를 생산해 고객에 제공하는 법률회사로서 당연한 선택이라고 할 수도 있지만 이는 우연히 생겨난 것이 아니다. 법률회사라는 곳이 원래 변호사로 구성된 엘리트집단이기 때문이다.

　변호사가 누구인가. 얼마 전까지만 해도 변호사라고 하면 세계에서도 어렵기로 유명한 사법시험에 합격해 미래가 보장된 '선택받은 직업'으로 여겨졌다. 김앤장이 출범한 1970년대 초는 특히 이런 문화가 팽배했던 시절로, '사시합격＝과거급제' 쯤으로 인식되며 많은 사람의 선망의 대상이 되었다.

　이런 분위기에서 국제거래 중심의 기업자문 서비스에 비중을 두어 변호사 업무를 시작한 김앤장으로서는 종래의 변호사, 법률사무소의 개념을 뛰어넘는 확고한 직업의식이 필요했을 것이다. 김앤장은 이를 고객제일주의에 담아내며 변호사업계에 새 바람을 일으켰다. 주변의 부러움을 한 몸에 받는 고고한 법조인이 아니라 고객에게 최상의 법률서비스를 제공하는 최고의 전문가 그룹, 고객의 입장에서 고객을 중심으로 일을 풀어가는 고객 최우선의 원칙과 방향을 지향했다.

장수길 대표는 "김앤장의 제1원칙인 고객중심주의는 우량고객을 유치하기 위한 단순한 홍보문구라기보다는 전문직 종사자로서 마땅히 지키고, 추구해야 하는 비전이자 지향점"이라고 강조했다. 김앤장의 능력과 전문성을 믿고 중책을 맡긴 고객에게 최고의 법률서비스를 제공하겠다는 약속, 이른바 프로페셔널로서의 다짐이라는 것이다.

김앤장에 입사한 신참 변호사가 선배로부터 가장 먼저 배우는 것도 바로 고객에 대한 자세라고 김앤장의 여러 변호사가 이야기했다. 고객을 면담할 때의 자세, 일의 처리과정, 목표의 설정과 대안의 모색 등 모든 사고와 행동의 기준이 고객에 맞춰져 있다. 김앤장을 방문해 본 사람들은 변호사들의 친절하고 겸손한 자세에 놀란다고 한다. 김앤장의 변호사들이 상담이 끝난 의뢰인을 엘리베이터 앞까지 따라나와 깍듯이 머리를 숙여 배웅한다는 것은 잘 알려진 이야기다.

김앤장은 또 오래전부터 12시 30분부터 시작되는 점심시간을 운영하고 있다. 오전 업무가 정오에 중단되는 것을 방지함으로써 정오 전후에 있을지 모를 고객의 급박한 요청에 곧바로 대응하기 위한 고려라고 한 변호사가 설명했다.

기업과 국가가 당사자인 사건이 많은 김앤장으로서는 때로는 시급을 다투고, 때로는 사활을 걸어야 하는 고객의 의뢰 내용 어느 것 하나 가볍게 다룰 수 없을 것이다. 김앤장 사람들은 고객이 무엇을 원하는지 고민하고, 고객이 무엇을 놓치고 있는지 분석한다고 말했다. 고객의 입장에서 앞으로 어떤 상황에 처할 수 있는지 예측하고, 무엇을 어떻게 해야 하는지 대안을 모색하며, 무엇이 고객의 이익과 법의 원칙에 부합하는지 끊임없이 그 답을 찾아 지혜를 모으고 있다고 했다.

고객중심주의는 김앤장에서 일종의 문화로 발전하고 있다. 변호사는 물론 사무실 전체에 이런 분위기가 확산되고 있다.

일에 쫓기는 나머지 식사를 거르기도 하고, 가정에 소홀해지기도 하며, 개인사를 희생해야 하는 경우도 적지 않지만, 업무에 소극적으로 나서는 김앤장 사람들은 많지 않다. 대부분이 적극적이고, 에너지가 충만한 모습이다. 고객의 이익을 우선시하며 의뢰받은 일에 최선을 다하는 프로정신이 사무실 전체에 배어 있다.

통금이 있던 시절 고객의 요청에 맞추기 위해 밤늦게 까지 일을 하다가 차편이 끊어지는 바람에 혼이 났다거나, 중동 건설 붐이 일었을 때 고객 기업의 요청으로 중동의 건설 현장을 방문해 그 회사 관계자와 어울리며 크리스마스를 보냈다는 변호사, 휴가를 얻어 가족과 함께 차를 몰고 부산까지 내려갔다가 고객의 급한 전화를 받고 가족만 남긴 채 그 길로 서울로 올라왔다는 변호사, 대형 M&A 거래에 매달려 밤을 새며 협상에 몰두하고 있는데 자문하고 있는 회사의 담당자가 생일파티를 열어주어 감격했다는 이야기 등 김앤장 변호사들의 365일엔 전문변호사로서의 무용담이 수없이 이어지고 있다. 한결같이 고객을 먼저 생각하며 고객의 이익을 위해 헌신해 온 사연들이다.

"김앤장의 1등 비결이 뭔지 아십니까. 고객 만족, 고객 가치를 추구하는 도전정신, 전문가정신입니다."

금융 분야에서 주로 송무 관련 일을 많이 수행하는 정진영 변호사는 "김앤장의 고객우선주의는 어떠한 문제가 주어지더라도 절대 포기하지 않는 도전정신과 프로페셔널리즘으로 이어지고 있다"며, "물론 고객의 가치를 최우선시하기에 도전할 수 있는 것"이라고 강조했다.

고객 우선의 문화는 종종 오해를 사기도 한다. 너무 고객의 이익을 최우선시하다가 김앤장과 김앤장의 변호사들이 비판의 대상이 되는 경우가 없지 않다는 것이다.

김앤장 사람들은 진행 중인 사건은 물론 이미 처리한 사건에 대해서도 극도로 말을 아끼는 것으로 유명하다. 심지어 외부로부터 오해를 살 수 있는 지적이 제기되고 있는데도 불구하고 침묵으로 일관하는 경우도 있다.

김앤장 변호사들은 그러나 이에 대한 분명한 태도를 견지하고 있다.

"고객의 비밀유지는 변호사가 지켜야 할 절대적인 의무입니다. 의사가 환자의 진료내역을 말해선 안 되고, 신부가 고해성사 내용에 대해 발설할 수 없는 것처럼 변호사 또한 고객의 허락 없이 자문 내용을 외부에 노출하면 안 됩니다. 그 자체로 얼마든지 고객의 명예나 신인도에 영향을 미칠 수 있으니까요."

국제중재팀을 이끌고 있는 윤병철 변호사는 "우리가 답답하다고 해서 고객에 대한 비밀유지의무를 포기할 수는 없다"며, "그것은 전문직으로서 변호사가 지고 가는 숙명과 같은 것"이라고 말했다.

실제로 김앤장에선 외부는 물론 내부적으로도 다른 팀에서 수행하는 사건에 대해 물어보는 변호사도, 알려주는 변호사도 없다고 한다. 한 변호사는 "언론보도를 보고 나서야 우리 사무실에서 이런 사건도 자문하고 있구나 하고 뒤늦게 알게 된 경우가 허다하다"고 말했다. 그만큼 철저하게 변호사의 비밀유지의무가 준수되고 있다는 이야기인데, 그 바탕은 물론 고객중심의 문화에 맞닿아 있다.

혹시 고객의 이익이 사회 전체의 그것과 충돌할 경우는 없을까.

다른 회사도 마찬가지이겠지만, 이런 경우 어떻게 대처해야 하는가도 김앤장 변호사들이 고민하는 대목일 것이다.

이에 대해 이재후 대표는 "공정하고 합리적인 솔루션을 추구한다"고 소개하고, "그것이 우리 사회와 경제의 발전에 기여해야 한다는 데 대해서도 이론이 없다"고 단호하게 말했다.

조합

김앤장은 국내 최대 규모의 로펌이지만 대형 로펌 중 유일하게 법무법인 형태를 취하지 않고 있다. 그런 까닭에 로펌에 대한 이해가 아직 넓게 퍼지지 않았던 시절 김앤장은 로펌이 아니라는 일부 오해가 섞인 말이 나돌기도 했지만, 김앤장은 로펌, 그 중에서도 한국을 대표하는 로펌이다. 오히려 발달한 외국 로펌의 설립형태와 비교하면 가장 국제적인(global) 조직형태를 갖추고 있다고 하는 편이 적절한 평가일 것이다.

결론부터 이야기하면, 김앤장은 민법상 조합의 형태로 운영되고 있다. 운영방식이나 법적 실체에 있어서 미국, 영국, 일본의 대형 로펌의 조직형태와 가장 유사한 형태다. 로펌의 원조라고 할 수 있는 영국이나 미국의 세계적인 로펌들은 대부분이 김앤장과 유사한 유한조합(Limited Liability Partnership, LLP), 또는 조합(General Partnership, GP)의 형태를 취하고 있다.

한국의 로펌들도 일종의 상법상 합명회사와 비슷한 법무법인 제도가 대형화에 걸림돌로 작용할 수 있다는 우려에서 상법상 유한회사와 가까운 유한 법무법인으로 조직을 바꾸는 등 조직형태의 변화가 이어지고 있다. 법무법인 태평양이 2007년 7월 가장 먼저 유한 법무법인으로 조직을 변경한 데 이어 법무법인 로고스, 서린, 정평, 화우가 유한 법무법인으로 다시 태어났다. 2009년 가을 중소 로펌 3곳이 합병해 탄생한 법무법인 에이펙스도 유한 법무법인으로 출범했다.

유한 법무법인에선 변호사가 사건을 잘못 처리해 법인이 고객 등에게 손해배상책임을 지더라도 직접 사건을 지휘하거나 처리하지 않은 구성원 변호사라면 출자금의 한도로 책임이 제한돼 변호사의 영입 등에 유리한 것으로 알려지고 있다. 반면 종래의 법무법인에선 구성원 변호사가 법인의 잘못에 대해 무한책임을 져야 해 유능한 변호사가 참여를 꺼린다는 지적이 제기돼 왔다. 변호사법은 또 영미 로펌의 조합 형태에 한 걸음 더 근접한 법무조합 제도도 유한 법무법인과 함께 설립근거를 마련해 놓고 있으나 아직 설립을 신청한 법무조합은 나타나지 않고 있다.

아무튼 필자가 이야기하고자 하는 것은 로펌은 법무법인이냐 아니냐, 또는 무한 법무법인이냐 유한 법무법인이냐가 중요한 게 아니라 내부 구성원이 얼마나 조직적, 체계적으로 연계돼 질 높은 종합서비스를 제공할 수 있느냐에 따라 경쟁력이 달라질 수 있다는 점이다. 로펌이라고 해서 꼭 법무법인으로 등록해야 하는 것은 아니다. 또 법무법인의 형태를 갖추고 있더라도 내부의 실질적인 모습은 로펌이라고 할 수 없는 곳도 적지 않아 주의가 요망된다.

대한변호사협회에 따르면, 2010년 3월 현재 전국에 걸쳐 470여

개의 법무법인이 등록돼 로펌식의 조직적인 법률서비스를 표방하고 있다. 그러나 이 중 상당수는 이름만 법무법인으로 내걸었지 실질적으로는 법인을 구성하는 변호사가 사실상 독립적으로 업무를 수행하며 제각각 손익을 계산하는 '한 지붕 여러 가족' 에 불과한 것으로 알려지고 있다. 법인을 구성해 함께 사무실을 운영함으로써 비용을 절약할 수 있다는 이점이나 대외적인 이미지 등을 고려해 법무법인을 결정한 경우로, 실질적인 의미의 로펌과는 거리가 먼 '무늬만 법무법인', '무늬만 로펌' 인 셈이다.

조합 형태를 취하고 있는 김앤장엔 따라서 법무법인에서와 같은 구성원 변호사, 소속 변호사의 구별이 없다. 영미 로펌처럼 파트너 변호사, 어소시에이트 변호사로 구분할 수는 있으나, 김앤장에선 이런 말도 잘 쓰지 않는다. 똑같이 변호사라고 부르며, 선후배의 관계가 이어지고 있다. 명함에도 그냥 '변호사 ○○○' 라고만 되어 있다.

간혹 외부 사람이 의아하게 생각해서 실제로 계급이나 직책이 없느냐고 김앤장 사람들에게 물어보면 자판기에서처럼 튀어나오는 말이 있다.

"우리 사무실에 선배, 후배는 있어도 상사, 부하는 없습니다."

그만큼 비슷한 질문을 많이 받았다는 이야기도 되지만, 김앤장엔 실제로 외부에서 생각하는 계급이나 직책이 없다.

물리적인 공간 구성에 있어서도 계급과 직책의 구분이 없는 이런 문화가 고스란히 반영되고 있다. 대표변호사에서 신참 변호사에 이르기까지 아무런 차이 없이 두세 평 남짓한 넓이의 사무실을 똑같이 사용하고 있다. 서울 광화문의 세양빌딩에 위치한 김앤장 사무실을 방문한 기업체 관계자 등이 설립자인 김영무 대표변호사의 비좁은 방을 보고 깜짝 놀랐다는 이야기가 김앤장을 찾았던 많은 사람의 입을 통해 전해지고 있다.

그러나 계급과 직책이 없는 수평적 조직구조는 김앤장의 업무효율 제고로 이어지고 있다. 그때그때 해당 사안의 전문가를 불러 모아 팀을 짜 해결에 나서는 유연한 조직문화로 나타나고 있다.

세무 컨설팅을 주로 담당하는 한 세무사는 "구성원 각자가 자율적으로 움직이는 가운데 뚜렷한 목표를 향해 역량을 결집시키는 업무시스템은 감탄할 정도"라고 말했다. 또 회계법인에서 일하다가 김앤장으로 옮긴 한 공인회계사는 "선배와 후배라는 구분만 있을 뿐 아예 직급이 존재하지 않는 김앤장의 수평적인 문화가 놀라웠다"며, "그래서인지 신속한 의사결정과 유기적인 팀플레이가 뛰어나다"고 소개했다.

김앤장에선 매년 연초에 열리는 시무식 신년사를 변호사뿐만 아니라 회계사, 변리사, 세무사, 노무사 등 여러 직종에서 돌아가며 한다고 한다. 여러 직종의 전문가가 모여 함께 시너지를 도모해야 하는 조직의 특성을 감안한 포석이겠지만, 김앤장은 이런 작은 부분까지 신경 쓰고 있다. 이재후 대표는 "여러 부문에서 유연한 조직문화를 강조하고 있다"며, "형식과 치장을 최소화하고 효율을 최대화하는 것, 그것이 김앤장 방식"이라고 강조했다.

"경험 많은 선배들과 함께 일하며 선배들의 역량을 고스란히 전수받는 것, 그것이 김앤장의 강점이죠. 업무를 통해 선배들로부터 많은 것을 듣고 배우고 있습니다."

김앤장의 한 젊은 변호사는 그러면서 '일을 한다'고 하기보다 '일을 배운다'고 부르는 게 더 적절한 표현일 것이라고 강조했다. 후배들과 함께 일하는 시니어 변호사들도 똑같은 말을 했다. 위, 아래를 가리지 않고 전문성을 따져 업무에 나서고 있는 선후배 문화가 서로의 성장을 견인하는 수레바퀴의 기능을 하고 있다는 것이다.

"유연한 조직문화가 바탕이 되어야 유기적인 팀플레이가 가능합니다. 특히 대규모 프로젝트의 경우 다양한 경력과 성격의 변호사들이 함께 일을 하게 되는데, 각자의 장점과 성격을 잘 파악해 최대한의 시너지 효과가 나도록 이끄는 것이 매우 중요합니다."

1986년 합류해 금융, 해외투자, 지적재산권 등 여러 분야에서 활약해 온 주성민 변호사는 "계급과 직책이 없는 수평적인 조직문화가 김앤장이 지금의 높은 경쟁력을 갖추는 밑바탕이 되었을 것"이라고 말했다.

동도서기

  김앤장 사람들은 김앤장에 '삼무문화(三無文化)'가 있다고 말한다. 구성원 사이에 학연(學緣), 지연(地緣), 정치색(政治色)이 없다는 것이다. 창립 이래 이어지고 있는 오래된 전통으로, 다양한 출신의 전문가가 모여 1등 로펌 김앤장을 발전시켜 나가고 있다.

  학벌로 치면 물론 서울대 법대 출신이 가장 많다고 해야 할 것이다. 그러나 이런 학벌이 학연으로 연결되는 일은 없다. 또 최근 들어 다양한 전공의 변호사들이 김앤장에 합류하며 출신대학의 범위가 갈수록 확대되고 있다.

  학연, 지연, 정치색이 없는 대신 김앤장에선 인화와 포용의 정신이 강조되고 있다. 가정에서 보내는 최소한의 시간을 빼고 구성원 전체가 365일 거의 모든 시간을 공유하던 설립 초창기 시절. 당시 김앤장에 합류한 변호사들은 김영무 변호사와의 '일요대담'을 통해 로펌 변호사의 역할과 자세 등에 대해 감(感)을 익혀가던 일을 기억하고 있다.

  "일요일에 오전 10시쯤 사무실에 나와 보면 김영무 변호사가 어

김없이 먼저 나와 있었죠. 점심때가 되면 '밥 먹으러 갑시다' 하고 후배들을 이끌고 나가서 본인의 철학, 사무실의 장래 등에 대해 여러 이야기를 했어요. 우리나라가 왜 경제개방을 해야 하는지, 로펌 변호사는 무슨 역할을 해야 하는지부터 고객을 대하는 매너에 이르기까지…. 할 일이 산더미 같이 쌓여 있는데 이야기가 오후 서너 시까지 이어지는 경우가 많아서 오늘도 김 박사에게 붙들려 하루 일을 공치고 말았다고 불평 아닌 불평을 하곤 했지요."

1981년에 합류해 인사·노무팀을 이끌고 있는 현천욱 변호사는 "입사 초기 김영무 변호사의 이야기를 들으며 내가 몸담고 있는 회사의 가치와 미래비전을 공유했던 경험이 평생의 자산이 되었다"며, "대표변호사와 함께 점심 먹고 대화를 나누며 김앤장의 가치와 철학을 하나씩 습득했던 셈"이라고 말했다.

김 변호사는 요즈음도 주말에 사무실을 찾아 후배 변호사들과 함께 어울리며 예전 못지않게 대화를 즐기는 것으로 알려지고 있다.

초창기의 선배들은 또 도제식 훈련방법으로 후배들을 이끌었다. 함께 팀을 짜 일을 해나가며 업무지식을 전수하고, '로펌 변호사는 무엇으로 살아가야 하는지' 변호사로서의 기본자세를 가다듬는 직업철학도 함께 가르쳤다.

한마디로 사법연수원 출신의 후배를 데려다가 유능한 로펌 변호사로 키워내는 끈끈한 선후배 문화를 통해 업무의 연속성을 담보하며 사무실을 키우고, 전문성을 발전시켜 나간 것이다.

정계성 변호사는 "후배를 잘 키워야 우리가 편해진다는 공감대를 갖고 후배들을 영입해 정성껏 일을 가르쳤다"며, "먼 미래를 내다보고 사람에 대한 투자를 시작한 셈"이라고 설명했다.

정계성 변호사보다 4년 뒤 합류한 정경택 변호사도 "선후배 간 동반성장을 추구한 김앤장의 문화가 지금의 김앤장을 있게 한 저력"이라며, "선배는 기꺼이 후배의 동료가 되어주고, 후배는 마음껏 자신의 역량을 발휘할 수 있었던 든든한 믿음이 김앤장의 동력으로 이어져 거듭된 성장의 디딤돌이 되었다"고 강조했다.

또 하나 김앤장의 성장 소프트웨어와 관련해 소개할 것이 있다면 인화와 포용을 기반으로 하는 팀워크의 조직문화를 들 수 있다. 김앤장이 신입 변호사를 뽑을 때 성적 못지않게 선후배, 동료와 잘 어울릴 수 있는 친화력 등을 중시한다는 것은 이미 잘 알려진 이야기다.

이재후 대표는 "김앤장의 조직문화에 하나의 모토가 있다면 그것은 바로 인화와 팀워크 정신"이라며, "우리는 개인플레이에 능한 사람보다 동료와 잘 융화될 수 있는 정신자세와 열정을 갖춘 인재를 선호한다"고 김앤장의 리쿠르트 전략을 소개했다.

그러나 아무리 이런 인재를 골라 뽑는다고 하더라도 치열한 대내외 경쟁을 거쳐야 하는 로펌에서 인화와 포용의 조직문화가 가능한 바탕은 무엇일까.

우선 김앤장 지휘부의 독특한 인재관과 인력 운영방침을 주목할 필요가 있다. 두뇌집단 김앤장을 성공적으로 이끌고 있는 김영무 변호사의 말이다.

"모든 면에서 뛰어난 완벽한 사람은 단 한 사람도 없습니다. 반대로 어디에도 쓸모없는 전혀 무가치한 사람도 없습니다. 이들 인재들의 장단점을 서로 보완시켜 로펌 전체적으로 조화를 이루도록 하는데 가장 신경을 쓰고 있습니다."

그는 이런 뛰어난 리더십으로 김앤장을 아시아 최고의 로펌으로 발전시켜 왔다. 이어 그의 이런 철학이 후배들에게 이어지며 김앤장의 독특한 조직문화가 구축되어 가고 있는 것이다.

10여 년간 판사로 재직한 후 2003년 김앤장에 합류해 지적재산권 분야에서 활약하고 있는 권오창 변호사도 비슷한 말을 했다.

"처음 법원을 떠나 김앤장에 합류하였을 때는 막막하고 조금은 두려운 심정이었어요. 기라성 같은 변호사들의 높은 전문적 지식과 어학실력 등을 생각할 때 과연 여기서 견뎌낼 수 있을까 하고 걱정했던 게 사실입니다."

그러나 그의 고민은 오래가지 않았다. 선배 변호사로부터 "김앤장에는 수많은 프로페셔널이 함께 일하지만 장점이 없는 사람도, 단점이 없는 사람도 없다. 내가 장점이 있기 때문에 자신감을 가지고 일해야 하고, 반면 단점이 있기 때문에 절대로 교만하지 말아야 한다"는 말을 듣고 이내 자신감을 가질 수 있었다는 것이다.

로펌 업계엔 김앤장의 인화와 포용의 문화를 짐작케 하는 이야기가 적잖이 돌아다닌다. 경쟁이 치열한 나머지 살벌한 조직일 것이라는 선입견과는 달리 김앤장은 다른 로펌에 비해 상대적으로 이직률이 낮은 것으로 알려져 있다. 또 여간해선 사람을 함부로 내치지 않는다는 말도 들리고 있다.

　동양적 인력관리 문화라고 할까. 전문화와 대형화가 서구의 선진 로펌을 벤치마킹한 김앤장의 성장전략이라면, 조직 운영에 있어서는 한국적 정서를 많이 가미한 동도서기(東道西器)의 지혜를 구현하고 있는 셈이다.

공익활동

우리 정부가 IMF 채무 이행각서에 서명한 직후인 1997년 12월 18일. 대통령 선거 투표를 마치고 집에서 쉬고 있던 김앤장의 정계성 변호사는 정부 관계자로부터 긴급호출을 받았다. 국채를 발행할 것인지, 아니면 은행 차입을 추진할 것인지 국가 부도위기의 상황에 처한 정부의 자금조달 방안을 협의하기 위한 논의에 참석해 달라는 요청이었다. 정 변호사는 곧바로 집을 나서 기획재정부의 전신인 당시 재정경제부 관계자들이 비상대책을 논의하기 위해 모여 있는 장소에 들어섰다. 그 자리엔 세계 유수의 금융기관 관계자들도 참석해 있었다.

한국에서 첫 손가락에 꼽히는 금융 전문 변호사인 정 변호사는 사안의 심각성을 누구보다도 잘 알고 있었다. 외채를 못 갚아서 모라토리엄(지불유예)을 선언했던 남미의 경우는 어떠했는지, 연장한다면 어떤 방식이 가능한지, 어느 범위의 어떤 채무를 연장 대상으로 할 것인지, 만약 연장이 안 되면 어떻게 대처할 것인지 발생 가능한 모든 문제에 대해 검토를 시작했다. 이어 재경부 관료와 함께 체이스, 씨티, 보스턴, 유럽의 파리바, 도이체, BNF 등 외국 은행 관계자들을 만나 우리 정부의 입장을 설명했다.

그 결과 먼저 IMF 자금이 들어오고 1998년 3월 31일 218억 달러의 채무에 대한 만기를 연장 받을 수 있었다. 또 4월 초에는 40억 달러의 외평채(外平債)가 성공적으로 발행돼 IMF 위기를 넘기는 발판을 마련했다.

정계성, 허익렬 변호사 등이 포진한 김앤장이 그동안의 경험과 노하우를 살려 우리 정부가 IMF 위기를 타개하는 데 적지 않은 기여를 했다는 것은 잘 알려진 사실이다. 외국의 금융기관과 로펌들의 김앤장에 대한 신뢰가 사태의 조속한 해결에 상당한 도움이 됐다는 이야기가 재경부 등에서 나오기도 했다.

2004년 8월, 아테네에서 열린 올림픽 체조경기에 출전한 양태영 선수가 심판의 잘못된 판정으로 금메달을 잃어버리고 동메달에 머무는 일이 발생했다. 8월 27일 아테네의 한국올림픽선수단으로부터 급한 전화를 받은 김앤장의 박은영 변호사는 곧바로 서울을 출발했다. 세 차례 비행기를 갈아타는 긴 여정 끝에 다음 날 새벽 아테네에 도착, 스포츠중재재판소에 제소하고 중재절차를 진행했다. 물론 한국의 로펌, 한국의 변호사로서 이런 국가적인 일을 외면할 수 없다는 공익적 차원의 업무수행이었다.

박 변호사는 "회사 차원에서 국가적으로 중요한 사안을 전폭 지원하기로 결정, 수행하고 있던 다른 사건을 재배당하고, 즉각 아테네 행 비행기에 몸을 실었다"며, "올림픽이 끝나는 8월 30일 이전에

중재를 신청해야 해 군사작전을 방불케 하는 긴박한 분위기 속에 움직였던 기억이 난다"고 당시를 떠올리며 이야기했다.

이민희, 정진수, 박상철 변호사는 또 얼마 전 우리 국민이 미국을 무비자로 여행할 수 있는 비자면제 프로그램(VWP) 가입과 관련, 정부에 법률자문을 제공한 공로로 2008년 12월 외교통상부 장관 표창을 받기도 했다.

한국 최고의 로펌인 김앤장의 변호사들은 기업과 개인을 대리하는 외에 정부의 대외협상이나 여러 업무 추진과 관련된 수많은 법률자문을 제공하고 있다. 때로는 무료로, 때로는 수임료를 받기도 하지만 한국의 변호사, 법률회사로서 정부 일에 나 몰라라 할 수 없다는 일종의 공익활동 차원에서 자문에 적극 응하고 있다.

지금은 서울대 로스쿨에서 학생들을 가르치고 있는 신희택 변호사는 김앤장에서 활약하던 1990년대 초 우루과이라운드(UR) 서비스 협상의 정부대표단으로 참여했다. 1995년 농산물 검역 등의 문제로 미국이 우리나라를 세계무역기구(WTO)에 제소했을 때도 내외경제연구소 통상전문가 풀(pool)의 일원으로 활약하는 등 정부관련 일을 많이 수행했다.

또 공정거래 전문가인 박성엽 변호사가 1989, 1990년 GATT와 OECD 조선협상에 참가해 정부 대표단의 일원으로 활약하는 등 김앤장 변호사들의 자문목록엔 정부 관련 일이 서너 건씩 들어 있는 경우가 적지 않다. 법률업무를 수행하며 연마한 전문지식을 국가와 사회를 위해 활용하는 것으로, 이런 사정을 잘 아는 정부 관계자들이 김앤장 등 로펌의 변호사들을 가리켜 '애국자 변호사들'이라고 칭찬하기도 했다지만 일반인에겐 잘 알려져 있지 않은 로펌 변호사의 또 다른 모습이다.

김앤장은 그러나 얼마 전부터 보다 구체적인 방향으로 변호사들의 공익활동을 강화하고 있다. 1999년 국내 로펌 중 최초로 사무실 내부에 공익활동위원회를 구성하고, 2007년 공익활동연구소를 설립하는 등 전 사무실 차원에서 공익활동을 체계화하며 프로그램 개발과 시행에 적극 나서고 있다. 이전에도 정부를 도와 IMF 위기극복에 나서고 통상협상 등에 참여하는 등 공익적 차원의 업무를 많이 수행해 온 김앤장이지만, 보다 직접적으로 일반 시민 곁으로 다가가는 노력을 기울이고 있는 것이다.

사실 영미 로펌이 주도하고 있던 기업법무, 국제법무 시장에 뛰어들어 수많은 계약서를 국산화하고 우리 기업의 해외 진출을 지원하는 일도 공익적 성격이 전혀 없다고 할 수는 없다. 국제표준 (global standard)에 입각한 국제적인 수준의 법률서비스를 제공하는 로펌이 여럿 있다는 자체가 국가적으로 의미 있는 중요한 자산이 될 수 있기 때문이다. 김앤장과 김앤장의 변호사들은 국가 경제 발전에 기여한 공로를 인정받아 정부로부터 그동안 여러 차례 훈장을 받기도 했다. 또 사법연수원 출신 변호사를 채용해 일당백(一當百)의 전문변호사로 키워내는 등 여러 선도적인 역할을 통해 김앤장이 한국 로펌 업계의 발전에 적지 않은 기여를 해 왔다는 것도 많은 사람이 인정하고 있다.

변호사의 공익활동을 가리키는 '프로 보노(Pro Bono)'는 영미 로펌에서 시작된 것으로, 프로 보노라는 말도 라틴어의 '공공의 이익을 위해(Pro Bono Publico)'에서 따왔다. 미국 로펌 등에선 주로 사회적 약자를 위한 무상 법률서비스의 제공, 정부, 변호사협회, 공익기관 등에서의 봉사활동 등이 프로 보노의 내용을 이루고 있다. 그러나 김앤장은 여기에 일반적 의미의 봉사, 기부 등이 포함된 보다 넓은 개념으로 변호사의 공익활동을 확대해 나가고 있다. 무료법률상담과 공공기관 등에서의 봉사 및 지원활동은 물론 사회공익단체 등에 대한 직접적인 후원 등에도 적극 나서고 있다.

한국가정법률상담소, 서울대학교 공익인권법센터 등에서의 법률상담, 법률자문, 소송지원, 공익 변호사 그룹인 '공감'에 대한 후원, 교육환경 낙후 학교 돕기, 저소득층 자녀 후원 캠페인 후원, 북한법 연구 지원, 외국인 교수 초빙 지원 등 세상에 알려진 것만 해도 일일이 열거할 수 없을 정도다.

또 서민층을 상대로 무료변론 등의 활동을 벌이고 있는 대한변협 법률구조재단을 지원하고, 최근 발족한 대한변협 인권재단에 수억원을 기탁하기로 하는 등 공익재단에 대한 기부활동에도 앞장서고 있다. 이 외에도 김앤장이 공공단체와 교육기관 등에 상당한 지원을 하고 있다는 것은 많은 사람이 알고 있는 공공연한 사실이다.

2002년부터 매년 겨울 서울 안국동에 위치한 '아름다운 가게' 안국점에서 진행하고 있는 '김앤장 DAY'는 김앤장이 특히 각별한 애정을 갖고 참여하는 행사로, 사연이 없지 않다. 김앤장의 변호사들이 아름다운 가게가 생기기 전 시민단체 등에서 주관하는 바자행사장 등을 찾아 물건을 구입하는 방법으로 시민단체의 활동을 간접 지원한 적이 있기 때문이다.

1994년에 탄생한 참여연대가 초기의 재정난을 타개하기 위해 유명 인사로부터 물품을 기증받아 바자회를 연 적이 있었다. 그때 바자회에 나 온 물품 중에 인권변호사로 유명한 고(故) 조영래 변호사가 직접 쓴 친필유고가 있었다. 1987년 대통령 선거에 출마한 야권 후보의 단일화를 촉구하는 법조인 성명서의 초고로, 박원순 변호사가 보관하고 있다가 바자회에 기증한 것이다. 바자회를 연 주최 측에선 나중에 재야법조인 130여 명의 이름으로 발표된 성명서 초고에 매우 높은 가격을 매겨 진열해 놓았다고 한다. 그런데 바자회를 방문한 김앤장의 김영무 변호사가 거금을 선뜻 내고 이 인권변호사의 유고를 샀다고 서울대 로스쿨의 안경환 교수가 《조영래 평전》에서 소개하고 있다.

기업법무를 주로 취급하는 국내 최고 로펌의 대표변호사가 인권변호사의 유고를 산 셈인데, 사실 조영래 변호사는 김앤장과 인연이 깊었던 사람이다. 서울대 법대를 졸업하고, 1971년 제13회 사법시험에 수석 합격한 조영래는 사법연수원을 다니다가 '서울대생 내란음모사건'의 배후조종자로 체포돼 1년 6개월간 옥고를 치르고 나왔다. 이때 오갈 데 없는 낭인(浪人)이 된 그의 처지를 헤아려 사무원으로 채용한 사람이 바로 김영무 변호사였다.

조영래는 그러나 민청학련 사건에 관련돼 다시 수배자 명단에 올랐다. 이어 6년 동안이나 쫓기는 생활을 해야 했으나, 김앤장은 조영래의 연구원 지위를 유지시키며 장기 결근상태에 있던 그에게 여러 경로를 통해 생활비를 지급했다고 한다. 1979년 10.26이 터진 후 복권돼 1980년 '서울의 봄' 때 사법연수원을 다시 다니게 된 조영래는 연수원에 다니면서도 김앤장에서 리서처(researcher) 일을 계속했다. 이어 1982년 8월 연수원을 마친 후 나중에 인권변호사의 길을 걷기 위해 시민합동법률사무소로 독립할 때까지 1년 6개월간 김앤장에서 변호사로 활동했다.

안 교수는 《조영래 평전》에서 이런 사연을 소개하면서, "불온인물로 수배상태에 있던 조영래를 사실상의 정규 사무원으로 근무시키는 김영무 변호사의 그릇과 배포는 쉽게 기대할 수 없는 일"이라며, "김 변호사는 '작은 거인'으로 불릴 만큼 엄청나게 큰 스케일의 포용력을 가진 사람으로 정평이 나 있다"고 평가하고 있다. 김앤장과 김앤장 변호사들의 적극적인 공익활동 참가는 설립자인 김 변호사의 이런 모습에서부터 시작되고 있다고 해도 틀린 말이 아닐 것이다.

다시 '아름다운 가게' 안국점을 찾아가 보자.

'김앤장 DAY'는 김앤장의 변호사와 직원들이 소장하고 있는 소중한 물건을 가져다가 판매한 수익금을 아름다운 가게에 기탁하는 방식으로 운영되고 있다. 2007년 12월에 열린 행사의 경우 변호사 등 100여 명이 참여하며 1,350여 점의 물품이 판매됐을 만큼 성황을 이뤘다고 한다. 2008년엔 75명이 1,125점의 물품을 가지고 나와 712만여 원의 수익을 올렸다. 김앤장 변호사들의 무료법률상담과 함께 진행되는 '김앤장 DAY'는 안국점을 찾는 손님들에게 인기가 높은 것으로 알려지고 있다.

회사 차원의 공익활동을 떠나 소속 변호사들도 사회봉사 또는 불우이웃에 대한 후원 활동 등에 활발하게 참여하고 있다. 교정시설에 수용된 재소자에게 일간신문을 보내는 변호사도 있고, 고등학생을 상대로 열리는 영어 모의재판을 후원하는 변호사도 있다.

또 서울지방변호사회가 한 일간지와 함께 벌이고 있는 소년소녀 가장돕기 사업에 김앤장의 소속 변호사 중 절반가량이 참여해 화제를 불러일으켰다. 형편이 어려운 두 명의 중학생을 돕고 있다는 한 변호사는 "학창시절 주변의 작은 도움이 지금의 나를 만들었다는 생각으로 참여하고 있다"고 말했다.

김앤장이 공익활동에 나서는 원칙이 있다. '소리 없이 조용히 실천한다'와 '사무실의 모든 변호사가 고르게 참여한다'는 두 가지다.

"변호사는 사회로부터 받은 혜택 중 일부를 사회로 환원해야 하는 사회적 책임을 지고 있습니다. 김앤장의 변호사들은 모두 이를 기억하고 있습니다."

공익활동위원회 위원장을 맡고 있는 이재후 변호사는 "김앤장의 변호사들이 공익활동을 일종의 사회적 책임으로 받아들이고 있다"고 강조했다.

김앤장의 미래　　7

시장개방

2012년 3월 영국의 유명 법률잡지인 《IFLR》이 김앤장을 한국을 대표하는 '올해의 한국의 로펌(National Law Firm of the Year for Korea)'으로 선정했다. 2011년 1년간 한국법 자문의 업무실적을 기준으로 한 평가라고 하는데, 김앤장의 한국 내 경쟁력을 생각할 때 이런 결과가 특별히 새로운 것은 아니다. 김앤장이 이미 오래 전부터 한국법 자문에 관한 한 부동의 1위의 경쟁력을 확보하고 있기 때문이다. 《IFLR》만 하더라도 김앤장은 이 잡지로부터 10년 연속 '한국의 로펌'으로 선정되는 높은 평가를 이어가고 있다.

김앤장은 높은 전문성과 서비스로 한국 1등, 아시아 최고 로펌의 위상을 구축해 왔다. 국내외 기업 등으로부터 한국법에 관한 자문이라면 거의 예외 없이 가장 먼저 선택을 받고 있으며, 상대방을 대리해 협상장에 나온 영미 로펌의 변호사들도 김앤장이라고 하면 긴장할 만큼 국제적으로도 탁월한 경쟁력을 인정받고 있다.

관심은 이제 세계 속의 김앤장으로 옮겨 가고 있다. 영미 로펌의 각축장이라고 할 수 있는 세계 로펌 시장에서 김앤장의 위상은 어느 정도일까. 또 앞으로도 한국을 대표하는 아시아 최고 로펌의 명성이 흔들림 없이 이어질 것인가. 김앤장은 물론 계속해서 발전하고 있다. 변호사 등 전문가를 지속적으로 충원하고 있으며, 이에 비례해 매출도 꾸준한 상승곡선을 그려 가고 있다. 김앤장이 변호사나 직원을 구조조정한다는 등의 얘기는 들어 본 적이 없다. 이런 관점에서 보면, 미래는 아무래도 김앤장의 지속적인 성장이라는 고무적인 방향에서 접근하게 된다.

그러나 김앤장 등 한국의 로펌들을 둘러싸고 전개되는 국내외 환경 변화가 간단한 것만은 아니다. 시장개방이라는 큰 변화가 일어나고 있으며, 국내 로펌들 사이의 경쟁도 갈수록 치열해지고 있다. 업무분야에 따라서는 김앤장의 피로가 느껴지는 분야가 없지 않다는 소리도 들리고 있다. 김앤장이 지속적으로 발전하기 위해선 이런 환경적인 요인 또한 극복되어야 한다는 것이다.

3월 15일 오전 0시. 한 · 미 FTA가 발효됐다. 로펌업계로 국한시켜 보면, 2011년 7월 1일 발효된 한 · EU FTA와 함께 영미 로펌의 한국 진출이 본격 가능해진 셈이다. 외국 로펌이 서울에 사무소를 열고 변호사를 파견해 한국 로펌과 똑같이 한국 기업 등을 상대로 법률서비스를 제공하게 됐다는 의미다.

법무부에 따르면, 예상보다 많은 수의 미국 로펌이 서울에 사무소를 열 것으로 전망되고 있다. FTA 발효를 전후해 Cleary, Gottlieb, Steen&Hamilton 등 10개의 로펌이 서울사무소 개설을 위한 외국법자문사 예비심사를 신청, 심사가 진행 중에 있다. 여기에다 2011년 말 예비심사를 신청한 영국계의 Clifford Chance와 예비심사 신청을 준비 중인 영미의 다른 로펌 등을 감안하면, 2012년 여름을 전후해 10개가 넘는 영미 로펌이 서울에 사무소를 열어 본격적으로 업무를 시작할 것으로 예상되고 있다. 김앤장 등 한국 로펌 입장에서 보면, 세계 주요 도시에 사무소를 운영하며, 많게는 1,000명, 2,000명이 넘는 변호사를 보유한 거대 다국적 로펌과 서울 한복판에서 서로 얼굴을 맞대고 경쟁하게 된 것이다.

법률 전문 매체인 로닷컴(www.law.com)에 따르면, Clifford Chance는 2,500명이 넘는 변호사가 포진한 가운데 2009년 18억 745만 달러의 매출을 올린 매출 기준 세계 3위의 로펌이다. 또 한국 기업의 해외 증권 · 채권 발행 등 자본시장 분야에서 한국 관련 사건을 많이 다루는 Cleary, Gottlieb은 2009년 1년간 9억 6,500만 달러의 매출을 올려 세계 20위에 랭크됐다. Cleary, Gottlieb의 변호사 수는 1055명. 변호사 1명당 매출이 91만4,000여 달러로, 1달러=1100원의 환율로 환산해도 변호사 한 사람이 10억 원이 넘는 수입을 올렸다는 얘기다. 변호사 수나 매출액 등 외형상으로는 김앤장과 비교가 되지 않는다. 이 외에도 Paul Hastings, Simpson Thatcher&Bartlett, McDermott, Will&Emery, Ropes&Gray, Covington&Burling, Squire Sanders, Sheppard Mullin 등 세계 100대 로펌에 드는 여러 로펌이 서울사무소 개설을 준비 중에 있다.

과연 외국 로펌이 서울에 사무소를 열고 진출하면 한국 법률시장에 어떤 변화가 일어날까. 또 김앤장의 미래에 어떤 영향을 미치게 될까.

유의할 대목은 한국 법률시장이 단계별로 개방된다고 하지만, 사실상 3단계 시기에 허용되는 전면개방을 염두에 두고 개방 이후의 시장변화를 따져봐야 한다는 점이다. 한 · 미, 한 · EU FTA에 따르면, 협정발효 후 5년 내에 3단계에 걸쳐 한국 법률시장이 개방된다. 1단계에선 한국 내 분사무소의 설립이 가능하고, 그 나라 법과 해당국을 당사국으로 하는 국제조약 등에 관한 법률자문이 허용된다. 그러나 협정 발효 후 2년쯤 뒤부터는 국내 로펌과의 제휴가 가능하며, 3단계 개방시기엔 외국 로펌과 한국 로펌의 동업 및 동업 로펌의 국내변호사 채용까지 허용돼 말 그대로 한국 법률시장이 전면 개방된다. 한 · EU FTA의 적용을 받는 영국계 로펌을 예로 들면, 협정 발효 후 2년이 되는 2013년 7월 1일 임박해 국내 로펌과의 제휴가 허용되며, 2016년 7월 1일쯤엔 한국 로펌과의 합병도 가능하다는 것이다.

실제로 영미 로펌 중엔 1단계 개방시기보다는 제휴가 허용되는 2단계 개방시기에 서울에 진출한다는 전략을 세워 놓은 로펌이 적지 않은 것으로 알려지고 있다. 홍콩에서 만난 영국계 로펌의 한 변호사는 한국 진출을 기정사실화하면서도, "로펌 차원에서 어느 시기, 어느 단계에 한국에 진출할 것인지 전략적으로 면밀하게 따져보고 있다"고 말했다. 가장 효과적인 시기에 가장 효과적인 방법으로 한국에 사무소를 열겠다는 뜻인데, 경쟁관계에 있는 한국 로펌들로서는 그만큼 대비의 수준을 높여야 한다는 얘기가 된다. 이 로펌은

2012년 3월 한 · 미 FTA까지 발효되었음에도 아직 서울사무소 개설을 위한 예비심사를 신청하지 않았다.

국내 10대 로펌의 한 대표변호사는 또 "한 · 미 FTA 발효를 앞두고 유명 미국 로펌 두 곳의 변호사들이 찾아와 한국 법률시장에 대해 의견을 교환하고 돌아갔다"며, "당장 서울에 사무소를 열기보다는 한국 로펌과의 제휴를 염두에 두고 제휴 파트너를 물색하기 위해 한국 로펌들을 투어하고 있다는 인상을 받았다"고 분위기를 전했다.

영미의 여러 로펌이 1단계 개방 때부터 한국 시장을 노크하고 있지만, 2단계, 3단계 시기까지 폭을 넓혀 생각하면 훨씬 많은 수의 영미 로펌이 매우 다양한 형태로 한국 시장 진출에 관심을 보이고 있는 것이다. 한국 로펌들로서는 단계별로 진행되는 개방일정에 시간을 벌었다고 할 것이 아니라 모든 가능성, 최악의 상황을 설정해 놓고 대응전략을 마련할 필요가 있다는 것이다.

특히 김앤장의 대응이 주목되고 있다. 한국 대표 로펌으로서 상징적인 의미가 워낙 큰 데다 김앤장이 영미 로펌의 공세를 어떻게 막아내느냐에 따라 한국 로펌 업계 전체의 지형도가 달라질 수 있기 때문이다. 현실적으로도 김앤장은 외국 로펌과의 치열한 경쟁에 노출될 수밖에 없어 시장개방 이후의 위상에 많은 사람이 관심을 나타내고 있다. 한국 기업의 해외투자나 기업공개 등 외국 자본시장에서의 자금조달, 외국 기업의 국내 투자, 국내외 기업의 분쟁해결 수단으로 각광을 받고 있는 국제중재 등 외국 로펌의 1차적인 공략대상으로 예상되는 여러 분야에서 김앤장이 많은 사건을 처리하고 있기 때문이다.

2010년 가을 한국석유공사가 영국의 석유탐사업체인 다나 페트롤리엄을 인수한 거래가 대표적인 경우라고 할 수 있다. 이 거래에서 석유공사는 영국의 유명 로펌인 Linklaters가 대리하고, 다나 측은 Linklaters와 마찬가지로 런던에 본부를 둔 Allen&Overy가 자문을 맡았다. 국내 로펌 중엔 김앤장이 석유공사에 자문을 제공했지만, 이 거래는 외국 로펌들이 주도적으로 한국 및 외국 기업을 대리해 딜을 성사시킨 거래로 자주 소개된다. 한국 기업이 관련된 거래이지만, 한국 로펌은 사실상 배제된 채 딜이 마무리된 것이다. 한국 로펌의 관계자들은 영미 로펌이 서울에 사무소를 내고 상주하게 되면 이런 사례가 더욱 늘어날까 우려하고 있다.

김앤장은 시장개방의 파고를 어떻게 돌파하려고 할까. 김앤장의 변호사들은 "실력으로 이겨 우리 법률문화를 지키는 파수꾼의 역할을 다하겠다"며 영미 로펌의 진출에 강한 자신감을 나타내고 있다. 이재후 대표변호사는 "국제중재 분야만 해도 김앤장의 변호사들이 외국 기업을 대리해 제3국 중재법정에 서는 등 외국 로펌과 대등한 경쟁을 벌이는 경우가 적지 않다"고 소개하고, "우리에게 능력이 있고, 경험도 축적돼 있는 만큼 영미 로펌이 진출하더라도 지금 이상으로 발전해 나갈 자신이 있다"고 강조했다. 김앤장 국제중재팀은 실제로 국제중재 분야의 전문잡지인 《GAR》로부터 세계 24위의 경쟁력을 인정받고 있다. 또 영국의 법률매체인 《Leaglease》는 김앤장 조세팀을 세계 12위로 평가했다. 한국에 사무소를 열겠다며 예비심사를 신청한 영미 11개 로펌과 비교하면 국제중재는 단 한 곳만, 조세 쪽은 두 로펌이 김앤장보다 앞 순위로 평가받았을 뿐이다.

김앤장의 경쟁력에 대해서는 김앤장 바깥에서도 인정하는 사람들이 많다. 중소 로펌의 한 대표변호사는 "김앤장만큼 변호사들의 층이 두텁고, 변호사들마다 뛰어난 전문성으로 무장하고 있는 로펌도 드물다"고 지적하고, "영미 로펌이 들어온다고 해서 김앤장이 그동안 쌓아 온 위상에 크게 영향을 미칠 것으로 보지 않는다"고 말했다. 서울사무소장으로 내정된 미국 로펌의 중견변호사도 "김앤장 변호사들의 전문성이 뛰어난 데다 약 40년간 축적된 노하우를 무시할 수 없다"며, "미국에서도 한국 법률시장 개방에 대해선 일본 등이 시장을 열 때와는 사뭇 다를 것으로 보는 견해가 유력하다"고 말했다. 대한변협의 한 관계자는 또 "영미 로펌이 진출하더라도 김앤장은 독자생존할 수 있을 것"이라며, "외국계 로펌이 아무리 규모가 크고 전 세계로 연결된 네트워킹이 발달했다고 하더라도 한국에서의 법적 쟁점이나 이슈를 파악해 문제를 해결하는 능력에 관한 한 김앤장을 뛰어넘기 힘들 것"이라는 의견을 나타냈다.

필자 생각에도 1970년대부터 꾸준히 전문화와 대형화를 추구해 온 김앤장의 경쟁력은 결코 만만해 보이지 않는다. 영미 로펌에 비해 비록 규모는 아직 작지만, 변호사 개개인의 전문성과 팀플레이를 통해 나타나는 경쟁력은 영미 로펌의 기준에서 보더라도 결코 밀리지 않는 곳이 김앤장이기 때문이다. 변호사 1명당 매출에 있어서도 김앤장은 유명 영미 로펌에 크게 뒤지지 않는 것으로 파악되고 있다. 2012년 3월 현재 김앤장의 변호사는 국내외 변호사를 합처 600명 정도. 연간 매출액은 몇 해 전에 이미 5,000억 원을 넘어서 변호사 1명당 10억원에 육박하는 수입을 올리고 있다.

김앤장은 능력있는 국내외 변호사를 지속적으로 영입하는 등 경쟁력 강화를 위해 꾸준히 노력하고 있다. 김앤장의 홈페이지에 접속해 보면, 김앤장에 합류하는 변호사들의 면면을 한눈에 확인할 수 있다. 특히 국내의 다른 로펌에 비해 외국변호사의 영입이 많은 편이다. 2012년 3월 현재 김앤장에 몸담고 있는 외국변호사는 약 120명. 김앤장에 있다가 외국 로펌으로 스카웃되어 떠나는 변호사도 적지 않지만, 김앤장은 한국 관련 업무를 수행하는 외국변호사 인력에 관한 한 영미 로펌을 포함해 가장 풍부한 인력풀을 확보하고 있다는 평가를 받고 있다. 김앤장은 이런 맨파워를 내세워 국내 로펌 중 유일하게 세계 100대 로펌에 이름을 올리고 있다. 매출 기준 50~70위를 달리는 것으로 파악되고 있다.

법률잡지《리걸타임즈》가 2009년 가을 한국에 주재하고 있는 국내외 기업의 사내변호사를 상대로 국내외 로펌의 경쟁력 비교에 관한 설문조사를 실시한 적이 있다. 김앤장 등 한국의 로펌들이 외국 로펌보다 법률서비스 수준은 더 높고, 수임료 수준은 상대적으로 덜 비싸다는 고무적인 결과가 나왔다. 또 "외국 로펌이 국내에 진출하더라도 종전처럼 계속해서 일을 맡기고 싶은 로펌이 어디냐"는 질문에 김앤장이 압도적인 1위로 선택을 받았다.

'아무도 가지 않는 길'을 선택해 한국 최고의 로펌을 일궈낸 김앤장의 변호사들에게 법률시장 개방이라는 전혀 새로운 도전이 다가오고 있다. 과연 한국 대표 로펌의 자존심을 지켜낼 것인가. 영미 로펌의 진출과 함께 김앤장에 대한 기대가 더욱 커지고 있다. 이에 비례해 한국 시장을 지켜내야 하는 김앤장의 책임도 한층 무거워지고 있다.

영역 확대

　로펌 관계자들에 따르면, 로펌이 주로 처리하는 기업법무 내용은 정형화되는 경향이 있다. 금융 분야의 업무가 특히 그렇고, 최근엔 기업법무의 꽃으로 불리는 M&A 자문도 관련 업무가 많이 일반화되어 가고 있다고 한다. 로펌의 업무가 그만큼 발달하고 있다는 반증이라고 할 수도 있지만, 업무정형화는 로펌 간 치열한 경쟁과 맞물리며 수임료 덤핑 등 여러 파장을 낳고 있다.

　수임료 인하는 물론 법률서비스의 수요자인 기업 등의 입장에서 긍정적인 측면이 없지 않다. 그러나 공급자인 로펌들에겐 자칫 관련 팀의 사활이 걸릴 수 있는 여러 문제가 도사리고 있다.

　시장개방을 앞둔 한국 로펌들 사이에선 2011년 후반기부터 경력 변호사를 대상으로 치열한 스카웃 경쟁이 펼쳐지고 있다. 특히 주요 표적이 된 대상은 공정거래, M&A 업무 등을 전문적으로 수행하는 기업자문 변호사들이다. 특정 팀의 중견변호사들이 한꺼번에 경쟁 로펌으로 옮기기도 하고, 특정 분야의 전문가들이 순차적으로 빠져 나가는 바람에 관련 업무의 수행에 곤란을 겪는 로펌도 없지 않은 것으로 파악되고 있다.

이와 관련, 한 로펌의 중견변호사는 "가격경쟁 등이 심화된 나머지 더 이상 살아남을 수 없는 로펌의 변호사들이 경쟁력 있는 로펌으로 이동하는 현상이 나타나고 있다"며, "경력변호사의 이동이 심해지면 분야에 따라서는 경쟁구도가 두세 로펌으로 압축되는 시장 재편이 시도될 것"이라고 내다봤다. 수임료 인하 경쟁 결과 더 이상 버틸 수 없는 로펌이 나타나고, 이 로펌으로부터 변호사들이 이탈하는 연쇄 반응이 일어날 수 있다는 지적이다.

이 변호사의 분석이 맞는지 아닌지는 아직 확인할 수 없지만, 한국 로펌들 사이에서 수임료 인하를 포함한 치열한 사건 수임 경쟁이 펼쳐지고 있는 것은 분명한 사실이다. 물론 김앤장도 이런 경쟁의 한 부분을 차지하고 있다.

김앤장에선 나아가 새로운 법률서비스의 개발에 박차를 가하고 있다. 이재후 대표는 "미래를 선도하는 새로운 법률서비스를 창출하는 데 관심을 쏟고 있다"며, "시장개방 등에 따른 신규 수요를 성장의 기회로 활용하려고 한다"고 말했다. 구체적으로는 업무영역의 확대와 고부가가치 업무의 개발이 김앤장이 준비하는 새로운 서비스로 압축된다. 한층 깊이 들어가는 전문화를 통해 업무의 폭을 넓히고, 서비스 수준을 높이자는 취지이다.

사실 김앤장은 창립 초기부터 법원과 검찰의 송무 사건 위주로 진행되던 변호사업계의 관행을 탈피해 기업자문이라는 새로운 영역을 개척한 프런티어 로펌이다. 지금은 송무 이상의 비중을 차지하고 있지만, 김앤장이 출범할 때만 해도 기업자문 분야는 불모지나 다름없었던 신생분야였다. 그러나 김앤장은 기업자문 업무를 개척해 한국의 경제성장을 뒷받침하고, 한국 로펌 업계가 발전할 수 있는 기틀을 닦았다.

시간이 흐른 지금 김앤장의 업무영역은 송무에서 기업자문으로, 이어 글로벌화가 진전되며 전 세계로 변호사들이 달려 나가고 있다. 또 김앤장의 변호사들은 행정부처나 준(準) 사법기관의 기능을 수행하는 정부의 여러 위원회로 진출하고 있다. 법을 만드는 입법부와 법제처, 국제기구 등에서도 관련 법률서비스 수요가 늘어나며 김앤장의 변호사, 전문가들이 상당한 역할을 수행하고 있다.

행정절차 등에서의 법률서비스 확대는 세계적인 현상으로, 미국 유수의 로펌들은 홈페이지에서 송무나 기업자문 못지않게 행정절차 등과 관련된 서비스를 주요 업무분야의 하나로 소개하고 있다. 입법(Legislation), 법령개폐(Law Reform), 정부(Government), 정책과 규제(Policy and Regulation) 등의 이름으로 소개되는 내용이 대개 이러한 서비스다. 외국의 법률잡지에선 대(對) 정부 관련 업무를 별도의 항목으로 분류해 로펌별 경쟁력을 평가하기도 한다.

미국과 마찬가지로 한국에서도 많은 기업이 행정기관의 결정이나 인·허가, 법령 개폐 단계 등에서 폭넓은 법률서비스를 필요로 하고 있다. 한마디로 인·허가 등과 관련된 예방서비스를 확대하자는 것인데, 이에 관련된 이해관계 또한 엄청날 수 있어 기업체 등에서 관련 자문을 적극 기대하고 있다. 물론 이런 자문이 활발해지면 절차가 그만큼 투명하게 진행되고, 나중에 불필요한 법적 쟁송을 피할 수 있는 이점도 있을 것이다.

그러나 한국의 로펌들이 행정부처나 위원회 등에서 수행하는 자문활동은 그렇게 활발하지 않은 것으로 알려지고 있다. 이에 대한 로펌의 실무가 덜 발달된 점도 있지만, 로펌 등의 법률서비스를 수용해야 하는 행정기관 등의 현실이 시장의 수요를 따라가기에 아직 충분히 성숙돼 있지 않기 때문이다.

변호사들에 따르면, 행정기관 등에서 이루어지는 청문절차가 형식적으로 진행되는 경우가 많고, 변호사로부터 법률적 의견을 듣는 것에 익숙하지 않거나 달갑지 않게 여기는 분위기가 공무원들 사이에 여전히 존재하고 있다고 한다. 또 변호사의 대 행정부처 관련 업무 수행을 일종의 로비행위쯤으로 여기는 일각의 부정적인 인식도 로펌의 업무 영역 확장의 장애요인으로 지적되고 있다.

행정절차 등에서의 법률서비스 확대와 함께 새로운 비지니스의 등장에 따른 신규 법률서비스 수요도 김앤장이 적극 개척하고 있는 새 영역으로 중시되고 있다. 경제발전과 기술향상에 따라 시장에서 먼저 선행적인 변화가 일어나는 경우가 많은데, 이러한 변화는 으레 새로운 법률서비스 수요를 동반하는 경우가 많기 때문이다.

김앤장이 얼마 전 전담팀을 꾸리고 관련 법률서비스를 대폭 강화하고 있는 에너지 분야가 대표적인 경우로 꼽힌다. 재생 및 신생에너지, 친환경에너지 개발 등과 관련된 법률자문이 구체적인 내용으로, 산업현장에선 친환경 전기자동차의 개발 등 사업의 성과가 속속 나오고 있다. 김앤장 홈페이지에 접속해 보면, 오연균, 안완기 변호사 등이 주축이 되어 수행한 국내외 업무실적이 기다랗게 이어지고 있다.

세계화

　김앤장은 다른 어느 국내 로펌보다도 국제 관련 업무를 활발하게 수행하는 로펌으로 잘 알려져 있다. 우선 외국 기업을 많이 대리한다. 전문성과 서비스도 탁월하지만, 외국 기업이 한국법에 관한 자문을 구할 때 한국 1위 로펌인 김앤장을 먼저 찾기 때문이다.

　전 세계를 무대로 사업을 벌이는 다국적기업들은 외국에서 법적인 문제가 생기면 그 나라의 가장 유력한 로펌을 선임하는 게 공식처럼 되어 있다. 애플 대 삼성전자의 특허분쟁이 대표적인 경우다. 애플이 김앤장을 선택한 가운데 법무법인 광장과 율촌이 삼성전자를 맡아 치열한 공방이 오가고 있다. 김앤장은 한국에 진출하는 외국 기업이나 한국에서 송사 등에 휘말린 외국 기업을 90% 이상 대리하고 있는 것으로 알려지고 있다.

　김앤장은 또 국내 기업의 해외 진출과 관련해서도 단연 많은 자문을 제공하고 있다. 관련 업무에 대한 노하우가 오랫동안 축적돼왔기 때문이다. 김앤장은 40~50년 전 외국자본의 국내 진출에 대한 자문을 시작으로, 차관 도입과 합작투자 등 한국 경제의 성장과 함께 발전해 왔다. 외국 로펌이 주도하는 법률서비스를 국산화하며 수출한국을 뒷바라지해 온 김앤장의 업무파일에 국제 관련 사건이 많을 수밖에 없고, 기업활동의 세계화가 빠르게 진전되며 국제업무의 비중이 갈수록 늘어나고 있는 것이다.

김앤장의 홈페이지에서 업무분야를 클릭해 보면, 해외라는 이름 아래 독일, 스칸디나비아, 프랑스로 다시 지역을 세분한 유럽과 일본, 중국 지역으로 나눠 관련 업무내용 등을 상세하게 안내하고 있다. 또 금융과 기업일반 등 일반 업무분야에서도 국제 관련 업무가 상당한 비중을 차지하고 있다.

그러나 활발한 국제업무 수행에도 불구하고 해외사무소는 거의 운영하지 않는 곳이 김앤장이다. 이 점에서 김앤장은 세계 주요 도시에 사무소를 운영하고 있는 영미의 국제로펌은 물론 중국과 동남아 등지에서 활발하게 해외사무소를 운영하고 있는 한국의 다른 로펌들과도 뚜렷하게 구별되는 전략을 채택하고 있다. 예컨대 중국만 해도 법무법인 태평양, 광장, 세종, 지평지성, 율촌이 베이징과 상하이 두 곳 또는 둘 중 한 곳에 사무소를 개설해 운영하고 있다. 또 베트남과 캄보디아 등 동남아 지역에도 한국 로펌들이 사무소를 열어 잇따라 변호사를 파견하고 있으나 김앤장이 운영하는 해외사무소는 일종의 연락사무소 성격을 지닌 홍콩사무소가 유일하다.

그 대신에 김앤장은 김앤장의 소속 변호사로 해결할 수 없는 외국법에 관한 자문이 필요한 경우 해당 분야의 전문성을 갖춘 유력 외국 로펌과의 긴밀한 협조를 통해 해결하고 있다.

이와 관련 주목할 대목은 두산인프라코어의 밥캣 인수에서 보여준 것과 같은 주 자문로펌으로서의 김앤장의 활약이다. 여러 나라에 걸쳐 진행된 크로스 보더 거래에서 김앤장이 현지의 외국 로펌들을 일종의 보조로펌으로 활용하며 거래 전체를 지휘하는 주도적인 역할을 수행하는 경우로, 최근 그 사례가 늘어나고 있다. 김앤장은 한국투자공사의 미국 메릴린치에 대한 20억 달러 투자(2008), 두산중공업의 스코다파워 인수(2009), 한국석유공사의 카자흐스탄 석유기업 숨베 인수(2010) 등의 거래에서도 주 자문로펌으로 참여해 거래 전체를 지휘했다.

김앤장에 있을 때 한국석유공사가 3억3,500만 달러를 들여 카자흐스탄에 두 개의 석유공구를 보유한 숨베 사를 인수하는 거래에 관여했던 박병무 보고펀드 대표는 "김앤장이 주 자문로펌으로 인수작업 전반에 자문을 제공했고, 현지 로펌은 피인수법인에 대한 실사작업 등 보조적 업무를 담당하였을 뿐"이라며, "해외 거래에서 김앤장이 자문을 주도하며 핵심적인 역할을 하는 경우가 많다"고 설명했다.

관련 분쟁이 국제적으로 진행되는 경우가 많은 지적재산권이나 공정거래 분야 등에서도 김앤장의 변호사들이 외국 로펌을 리드하는 주도적인 역할을 수행한다는 이야기가 자주 들린다. 그만큼 김앤장의 국제적인 역량이 뛰어나다는 또 하나의 예다.

지적재산권 분야에서 활약하는 한상욱 변호사는 "국제특허소송에선 먼저 등록된 특허 즉, 선행문건을 검색·분석하는 작업이 매우 중요한데 동양권의 언어적 이점을 가진 김앤장의 전문가들이 한국, 일본, 미국, 유럽, 중국을 포괄하는 지역에서 선행문건을 가장 광범위하게 찾아내는 발군의 실력을 발휘하고 있다"며, "이렇게 확보된 문건은 다른 나라에서 진행 중인 특허소송에서도 매우 유익하게 활용되고 있다"고 말했다.

FTA 발효 등에 따라 중요성이 더해지고 있는 국제중재 분야에서도 김앤장의 변호사들이 외국 기업을 단독으로 대리해 해외에서 진행되는 중재법정에 출석하는 등 전방위로 활약하고 있다. 일종의 법률서비스 수출사례로, 일본 회사를 대리해 동남아 진출 프로젝트에 자문한 일본팀 등 다른 팀에서도 유사한 사례가 늘어나고 있다고 한다.

한국 법률시장 개방과 함께 김앤장은 해외업무를 한층 강화하고 있다. 전문분야별로 뛰어난 역량을 갖춘 파트너급의 외국변호사들을 지속적으로 영입하고 있으며, 해외사무소 운영에 있어서도 종래와는 다른 모습이 나타나고 있다. 김앤장은 2010년 말 아시아의 금융 허브인 홍콩에 사무소를 열어 모건 스탠리(Morgan Stanley) 등에서 경험을 쌓은 양근모 미국변호사를 파견했다. 김앤장이 운영하는 해외사무소 1호인 홍콩사무소는 홍콩에 자리잡고 있는 투자은행(IB) 등 국제 금융회사에 대한 서비스를 강화하기 위한 포석으로 이해되고 있다.

김앤장은 또 북경이나 상해 등 중국 본토에 사무소를 여는 방안도 신중하게 검토하고 있다고 한다. 2012년 초엔 오랫동안 상해 지역에서 활동한 최원탁 변호사를 영입, 뜨거운 주목을 받기도 했다.

말하자면 40년간 기업법무, 국제법무 서비스를 국산화하며 높은 경쟁력을 발휘해 온 김앤장이 국제화시대를 맞아 해외시장 개척에 한층 관심을 기울이고 있는 것이다. 물론 세계화에 대한 관심과 노력이 김앤장의 미래 발전전략에서 중요한 부분을 차지하고 있다.

한국 대표 로펌의 책임

한국 로펌 업계의 후발주자로 출발해 국내 1등, 아시아 최고의 로펌으로 발전한 김앤장의 노력과 성취는 평가받을 만한 결과라고 해야 할 것이다. 삼성전자 등 여러 제조업체가 아시아를 석권하고 세계 시장에서 경쟁력을 자랑하고 있는 것과 마찬가지로 김앤장은 법률서비스라는 고도의 지식서비스 사업에서 아시아를 뛰어넘는 글로벌 경쟁력을 이어가고 있다. 한 경제부처 장관은 언론과의 인터뷰에서 "전자는 삼성전자, 로펌은 김앤장 같은 로펌을 10개, 20개 만들어야 한다"고 김앤장의 성공을 평가하기도 했다. 이 장관의 말대로 김앤장은 아시아를 넘어 세계로 달려가고 있다.

그러나 그런 김앤장에게 사회 안팎에서 기대하는 역할과 책임 또한 막중하게 제기되고 있는 것이 현실이다. 잘나가는 1등 로펌에 대한 충고와 함께 구체적으로 문제를 지적하며 시정을 요구하는 노골적인 비판 등 다양한 주문이 쏟아지고 있다. 김앤장에 대한 애정과 아쉬움이 교차하고 있다.

한국을 대표하는 로펌인 김앤장은 물론 이런 지적과 비판에 대해 분명하게 입장을 설명하고, 고칠 것은 고치는 열린 자세를 보여야 할 것이다. 또 그래야만 한국 1등, 아시아 최고를 넘어 세계 속의 로펌으로 발전할 수 있을 것이다.

지금은 사정이 많이 달라졌지만, 김앤장 하면 단골로 나오는 얘기 중 하나가 '베일에 가려진 조직'이라는 말에 함축되어 있는 정보에 대한 아쉬움이다. 의뢰인에 대한 비밀유지 의무가 강조되는 법률회사의 속성상 외부에 알려진 게 많지 않기 때문이다. 또 법률시장에서의 활약과 함께 우리 사회에서 차지하는 위상과 비중이 높아지면서 이에 비례해 김앤장에 대한 정보 수요가 갈수록 커지고 있으나, 김앤장이 이런저런 얘기에 일일이 대응하지 않으면서 궁금증이 증폭된 측면도 없지 않아 보인다.

필자가 만난 한 사람은 "고객의 비밀을 지켜야 한다는 김앤장의 고충은 이해할 수 있지만, 가능한 범위 안에서라도 바깥에서 궁금해 하거나 잘못 알려진 부분은 적극적으로 설명해 외부와의 소통을 강화해야 한다"고 주문했다. 또 다른 사람은 '음지에서 조용히 실천한다'는 식의 은둔적인 사무실 운영을 더 이상 고수할 것이 아니라며, "알릴 것은 알리고 공개할 것은 공개해 한국을 대표하는 세계 속의 로펌으로 더욱 발전해야 한다"고 말했다. 모두 김앤장의 더 큰 성장을 바라는 애정에서 하는 충고들이다.

이 외에도 주로 외국 기업을 대리한다는 지적이나 거물급 경제관료의 영입, 사건 수임 과정에서 불거지는 이해관계 충돌을 둘러싼 논란 등 로펌에 관한 얘기가 나올 때마다 김앤장이 거의 빠지지 않고 거론되고 있다. 1등 로펌으로서 김앤장이 업계를 대표하는 위치에 있기 때문이다. 또 시비의 진실을 떠나 김앤장에 거는 우리 사회의 기대가 그만큼 크다는 반증이라고 할 수도 있다. 물론 거론되는 얘기 중엔 잘못 알려진 내용도 적지 않다. 김앤장을 위한 변론이 아니라 사실이 그렇다는 것이다.

외국 기업 대리만 해도 김앤장으로선 억울한 측면이 없지 않을 것이다. 한국에 진출하는 외국 기업을 김앤장이 압도적으로 많이 대리하고 있는 것은 사실이지만, 이를 이유로 김앤장을 탓하는 것은 적절하지 않기 때문이다. 앞에서도 얘기했지만, 전 세계를 무대로 활동하는 다국적기업은 특정 나라에 진출하거나 그 나라에서 분쟁 등에 휘말렸을 때 현지의 가장 유력한 로펌을 이용하는 게 보통이다. 서울지방변호사회의 한 간부는 "외국 나가서 얘기를 들어 보면 한국하면 다 김앤장"이라며, 1등 로펌 김앤장에 집중되는 외국 기업의 분위기를 전하기도 했다.

김앤장의 변호사들은 또 숫자상으로 직접 비교해 보면 국내 기업 대리가 훨씬 많다고 반박한다. 김앤장에서 M&A 거래를 많이 수행하는 정진수 변호사는 "우리 고객 중에는 내국인과 국내 기업이 더 많은데도 외국 기업을 대리한 일부 사건이 언론의 주목을 받으면서 실상과 다르게 알려진 부분이 적지 않다"고 지적하고, "김앤장이 우리 기업과 함께 세계로 진출하고, 시장이 열리면 외국 로펌에 맞서 국내 법률시장을 지켜내기 위해 매진하고 있음에도 편협한 시각으로 비난하는 일부 의견을 들을 때는 솔직히 서운한 마음이 들 때도 있다"고 아쉬움을 토로했다.

이와 함께 국경을 뛰어넘어 기업활동이 전개되는 글로벌 시대에 외국 기업 대리를 색다른 시각으로 보는 자체가 위험한 발상일 수 있다는 유력한 의견도 제기되고 있다. 외국 기업의 적극적인 투자를 원한다면 오히려 그들에게 고품질의 법률서비스를 받을 수 있다는 확신을 심어주는 게 더 중요하다는 주장이다. 예컨대 삼성전자가 미국이나 중국에서 송사에 연루되어 현지 로펌의 도움을 받을 경우 미국이나 중국의 로펌이 삼성전자를 대리했다는 이유로 비난할 것은 아니지 않느냐는 것이다.

외국 기업 대리 자체를 문제 삼는 것은 변호사의 윤리라는 측면에서도 적절하지 않아 보인다. 헌법상 누구나 변호사의 조력을 받을 권리가 있고, 이는 외국 기업이라고 하더라도 마찬가지라고 해야 하기 때문이다. 대한변협의 변호사윤리장전 19조 1항은 "변호사는 의뢰인이나 사건의 내용이 사회 일반으로부터 비난을 받는다는 이유만으로 수임을 거절하여서는 아니 된다"고 규정하고 있다. 여론 등에 좌우되어 정당한 변론활동을 거부한다면 법률가의 자세가 아님을 명확히 하고 있는 것이다.

이해관계 충돌 논란도 변협의 기준이 있는 만큼 명확히 시비를 가리면 될 일이다. 물론 한국을 대표하는 1등 로펌으로서 쌍방대리 등 변호사의 윤리에 어긋나는 행위가 있어선 안 된다. 이와 관련, 김앤장 관계자는 오래 전부터 내부에 전담팀을 두고, 가능한 모든 측면에서 이해관계 충돌 여부를 점검하고 있다고 말했다.

특히 이해관계가 충돌하는 사건은 맡지 말아야 한다는 원칙은 기업체 등에서 상대방의 로펌 선택을 제한하는 일종의 무기로 활용하려는 경우가 없지 않아 주의가 요망된다. 예컨대 한 기업이 다수의 로펌에 조그마한 사건을 던져놓고 경쟁관계에 있는 상대회사가 해당 로펌을 이용하지 못하도록 로펌 선임에 제동을 건다면 곤란하기 때문이다. 또 이해관계 충돌은 법적인 측면에서의 그것을 가리키는 말인데, '저쪽을 맡았던 너희 하고는 안한다' 는 식으로 일종의 심리적인 컨플릭트(psychological conflicts)를 제기하는 사람도 없지 않은 것으로 알려지고 있다. 이런 사정 때문에 최근에는 당사자의 변호사 선임의 자유라는 측면에서 접근하는 새로운 경향이 나타나고 있다고 한다.

김앤장은 73년 출범 이래 줄곧 성장가도를 달려왔다. 수많은 변호사를 길러내며 변호사 사관학교라는 명성도 얻었고, 업계의 표준을 선도하며 한국 로펌 업계를 앞장서 이끌고 있다. 그러나 김앤장에겐 여전히 간단치 않은 도전이 이어지고 있다. 영미의 대형 로펌에 맞서 한국 법률시장을 지켜내야 하고, 해외시장도 적극 개척해야 하기 때문이다. 또 선두주자에 집중되는 우리 사회의 기대와 관심에도 한층 더 부응해야 한다.

과연 김앤장의 성공신화는 어디까지 이어질 것인가.

김앤장은 곧 창립 40주년을 맞게 된다. 한국식으로 따지면, 불혹의 나이, 장년의 시기로 접어드는 셈이다. 그러나 100년 이상 된 로펌이 수두룩한 국제 로펌 업계의 기준에서 보면 앞으로도 많은 성장이 기대되는 젊은 로펌이라고 부르는 게 적절할 것이다. 김앤장의 변호사들도 여전히 성장에 목말라 하는 도전적인 모습을 보이고 있다.

김앤장의 선배들이 40년 전 다른 사람들이 미처 내다보지 못한 미래를 꿰뚫어 보고 과감하게 도전해 오늘의 김앤장을 있게 하였다면, 법률시장 개방 등 엄청난 변화가 예상되는 새로운 40년은 후배들의 몫이다. 그러나 새로운 40년은 과거의 그것과는 여러 면에서 다를 것이다. 40년간 높은 수준의 업무 노하우가 축적된 데다 국내의 다른 어느 로펌도 따라올 수 없는 풍부한 클라이언트 기반을 갖춘 곳이 김앤장이기 때문이다.

설립자인 김영무 변호사가 새로 입사하는 변호사들에게 빼놓지 않고 당부하는 말이 있다고 한다.

"세상에 변호사는 많습니다. 훌륭한 변호사도 많습니다. 그러나 여러분처럼 훌륭한 클라이언트를 갖고 있는 변호사는 흔치 않습니다. 이를 더욱 발전시켜서 후배들에게 물려주는 게 여러분의 책임입니다."

김앤장은 김영무 변호사 등 1세대 변호사들이 여전히 지휘부를 이루고 있다. 이어 대표변호사에서부터 신입 변호사에 이르기까지 선후배로 연결된 일사불란한 업무체계를 자랑한다. 이와 함께 권한이 밑으로 많이 위임된 가운데 업무분야별로 뿌리를 내리고 있는 자율경영이 김앤장의 또 다른 강점으로 얘기되고 있다. 이를 통해 신속하면서도 탄력적인 의사결정을 도출해낸다는 평가를 받고 있다. 이 때문인지 김앤장에선 후계구도에 관한 얘기도 별로 들리지 않는다. 김앤장의 한 관계자는 "변호사들의 합류가 이어지며 자연스럽게 업무 인수인계가 이루어지고 있다"고 말했다.

한국 토종 로펌 김앤장이 시장개방으로 대표되는 새로운 시대를 맞고 있다. 안팎의 도전을 슬기롭게 극복할 수 있다면 한국과 아시아를 넘어 세계 속의 로펌으로 발전하는 가능성을 열게 될 것이다. 그리고 그것이야말로 한국 사회가 김앤장에 거는 기대에 부응하고, 한국을 대표하는 로펌으로서 사회적 책임을 다하는 길이 될 것이다.

지은이 **김진원**

경기도 파주에서 태어나 서울대 법대와 동 대학원 법학과를 졸업했다.
중앙경제신문과 중앙일보 기자를 거쳐 법률 전문 잡지인 《리걸타임즈》 편집국장을 맡고 있다.
신문기자 시절부터 오랫동안 법조를 출입하며 관련 기사를 써 왔으며,
한국의 로펌 업계를 소개한 《로펌》(1999), 《한국의 로펌》(2008), 《로펌 인 코리아》(2016) 등의 저서가 있다.

한국 대표 로펌
김앤장 이야기

초판 1쇄 발행 2010년 7월 1일
개정판 1쇄 발행 2012년 5월 1일
개정판 4쇄 발행 2022년 6월 15일

지은이 | 김진원
펴낸이 | 노미영

펴낸곳 | 마고북스
등록 | 2002년 1월 8일 제22-2083호
주소 | 서울시 마포구 토정로 158
전화 02-523-3123 팩스 02-6455-5424
이메일 | magobooks@naver.com

ISBN 978-89-90496-53-9 03320
ⓒ김진원, 2012

값은 뒤표지에 있습니다.